영⟨0⟩의 나라

영〈0〉의 나라

이상우 수필집

신아출판사

| 머리글 |

　세상 모든 것 원인없는 결과 없다. 다만 우리 인류가 모를 뿐이다.
　자신의 무지를 모르고 자연히 그렇게 되었을 뿐이라고 그리고 증명하지 못하면 모르겠다가 아니라 아니다 틀렸다고들 말한다.
　필자는 종교인이 아니다, 제 책 읽어보고 혹여 종교가 있는지 어떤 종교인지 가끔 물어보는 분 있다. 제 자신은 지은 죄만큼 대가를 치르겠다는 나의 신념과 인간이기에 범할 수밖에 없는 죄는 창조주께서 분명 이해해 주시리라 굳게 믿고 있다.
　어찌됐던 오늘의 내가 있기에는 세상의 모든 것들 심지어는 무생물 조차 영감을 주었고 특히 부모님을 비롯한 형제 누이들의 영향 그리고 오랜 친구들 직장 동료들과의 일상 속에서 힌트와 소재가 되었으며 책으로 만난 여러 선배, 성현들의 가르침 또한 크다.
　우리 나이로 40에 약간의 깨달음을 얻어 그걸 시금석으로 삼아 글을 써야겠다고 다짐했고 그리고 이제 세 번째 책을 세상에 내보인다.

마산에서는 아주 유명하시고 훌륭하신 어느 선배 선생님 "인생의 황금률" 보시고 인간으로서는 거의 불가능한 글들이라고 칭찬해 주시고 명리학에 밝으신 어느 선배, 제 글들을 읽어보시고 당신의 존재가 뭡니까? 물어보자 글쓴이는 대답할 수 없어 '눈은 모든 것 다 보아도 자신은 볼 수 없다'고 곁에서 보는 그대로가 나의 존재라고 대답했다.
 세상을 살면서 때로는 이해되지 않는 일과 대답할 수 없는 일을 만나는 건 운명인가 보다.
 한 개인이 성공을 하든 실패를 하든, 건강하든 병약하든, 운수가 좋든 나쁘든 어떻든 원인은 존재하고 또한 피할 수 없고 거부할 수 없을 뿐이라고 아니 자신이 지은 공과 과에 대한 업보일 뿐이라고 하지만 인간은 노력해야만 하는 존재인 것 같다.
 가정에서는 가족에게 많은 헌신과 봉사를 한 이에게 고마움을 느끼며 국민과 동포는 국가에 헌신하고 민족을 돌본 이를 영웅으로 대접하며 이 우주의 주인이신 하느님은 인류 전체에 대한 봉사와 자연을 잘 보존한 이를 높게 평가할 것이다.
 우리 현세의 인간은 그 결과물을 중요시 여기나 우주의 주인 창조주께서는 동기와 과정을 더욱 귀중히 여길 것이다.
 언제나 곁에서 도와주고 끝까지 함께할 와이프에게 감사의 말 전한다.

목차

04 · 머리글

1부

12 · 법무부와 검찰의 갈등
14 · 위안부 비하발언
17 · 단 한 걸음만
21 · 코로나19
23 · 삼성그룹 부회장의 위법행위와 합목적성
26 · 군 가점 문제
29 · 코로나19 치료제
32 · 대선공약
36 · 대선 후보
38 · 어머니와의 영원한 이별 편지
40 · 조조와 포청천의 상대성
43 · 선택의 기준
45 · 검수 완박

2부

48 · 만 5세 조기입학
50 · 반일 친일 논쟁
54 · 언론의 자유와 국익 우선성
57 · 사랑 1. 2. 3.
60 · 이태원의 슬픔
63 · 무한대의 논리
64 · 무한대의 논리 해명 : 영〈0〉의 논리
68 · 0의 논리 전개 1
72 · 0의 논리 전개 2
75 · 0의 논리 전개 3
79 · 무염치의 일본
82 · 의리
86 · 지금 현재의 학문과 미래의 세계

3부

90 · 일본 원전 오염수 방류 계획
93 · 서초 서이 초등교사 사망사건과 교권확립을
       위한 노력
97 · 민족주의와 국가주의
101 · 껍데기와 알맹이
105 · 의대 정원 증원 계획과 의사들의 파업 예고
108 · 양심
113 · 의대 교수들의 사직 결의와 정부의 증원 2,000
       명선 고수 선언
116 · 별이 말했다
118 · 의대 교수들 오늘부터 사직 돌입
121 · 4·10총선의 의의와 채상병 사건 등 특검요구
125 · 옮음
128 · 악마와 천사되기
132 · 최소 공약수와 최대 공배수

4부

- 138 · 의사들의 무기한 파업 선언과 민주주의
- 142 · 이성, 지성
- 146 · 돈, 사랑
- 150 · 삶
- 153 · 시간과 공간
- 156 · 인간
- 160 · 지금 현재의 행동과 말들
- 164 · 하느님은 전능한가 무능한가?
- 172 · 인간 본성 : 순수 그리고 선과 악
- 178 · 서민 경제가 무너져 내렸다
- 182 · 유력 대선후보에 대한 가혹한 판결
- 186 · 12월 3일 사태와 탄핵 정국
- 189 · 사법부의 기간 계산과 윤 대통령 석방

1부

법무부와 검찰의 갈등

 인생의 황금률 저자 이상우입니다. 평범한 서민입니다.
 이번 법무부와 검찰의 갈등을 지켜보면서 우리나라도 민주화가 엄청 진행 되었다고 느낍니다. 제가 학교 다닐 때의 지식은 대통령의 정치적 행위는 대권 행위, 통치행위라 하여 사법심사의 대상에서 제외되는 경우가 많다고 배웠습니다.
 이제 우리 법원도 통치행위를 많이 축소하고 적법절차를 위반하면 음주운전과 마찬가지로 판단하는 것 같습니다.
 임명권이 있으면 해임권도 있다는 것이 다수설이라고 배웠습니다. 이번 사건을 볼 때 민주화가 엄청나게 진행되었지만, 대통령이 인사권을 행사하지 못 한다면, 이후의 인사권을 행사할 때 피인사권자의 능력과 인품, 소신 등을 갖춘 인사를 등용하기보다 인사권자에 대한 충성도가 인사발령에 제1순위가 될 수 있는 가능성을 전혀 배제할 수 없습니다.

그러면 피해는 국가와 국민이 받을 수밖에 없습니다.

나무만 보지말고 숲을 보는 큰 안목도 필요합니다.

* 검찰총장의 임기는 2년으로 법정되어 있다.

위안부 비하발언

 어제 뉴스에서 하버드 대학 모 교수가 우리 위안부 할머니들을 매춘부라 지칭하며 인격 모독적 비하적 역사 왜곡적 발언과 우리 하버드대학교 유학생들이 항의했다는 소식을 접했습니다. 심지어 우리나라 모 대학교수도 몇 달 전 수업 중에 매춘부라고 지칭했다는 매우 슬픈 사실을 TV를 통해서 알았습니다.
 과연 어떤 통로를 통해서 위안부가 되었을까요? 군국주의 일본 위안소를 운영했다는 사실은 모두가 인정하는 명명백백한 것이지요. 일본군부가 위안부를 조달하라는 지침에 어떤 구체적인 방법이나 양식 방침은 알 수 없습니다. 하지만 대략 세 가지 정도의 방법이 있다고 상정해 봅니다.

첫 번째는 : 자원자를 받아서 조달하는 경우

두 번째는 : 유괴를 하여 조달하는 경우

세 번째는 : 강제로 납치하여 조달하는 경우

첫 번째의 경우 매춘부로서 자원하는 경우 양가집 규수로서는 상상도 할 수 없는 경우이며 그 시대 상황과 풍속을 보더라도 가능성은 매우 희박하며 양민의 집에서는 있을 수 없는, 그러나 전체 위안부 중 아주 극소수는 지원하여 위안부가 된 경우를 전혀 배제할 수는 없습니다.

두 번째 : 유괴의 경우
좋은 직장 소개해 주겠다며 사람을 속여 위안부로 만들었을 가능성은 매우 높습니다. 일본국의 공식 입장이 납치해서 위안부를 조달하라고 했다고는 믿지 않습니다. 그렇게 얼굴 두꺼운 국가는 지구상에 거의 없기 때문입니다.

세 번째 : 공식적과 현실이 다른 경우
책임있는 당국자는 자원자로만 확보하라고(물론 일본정부는 위안소 운영을 숨겼겠지만)명령을 내렸겠지만 일선의 실무자들은 지원자가 없으면 유괴로 유괴가 실패하면 납치라도 하여 위안부의 정원을 채웠을 가능성 또한 매우 높습니다. 어떤 조직, 단체,

국가라도 과잉 충성하는 자들이 있게 마련이고 이들은 수단과 방법을 가리지 않고 실적을 올리는 경우가 많기 때문입니다.

우선은 능력을 인정 받을지 모르겠으나 결국에는 조직이나 국가에 엄청난 피해와 해악을 끼치는 자들입니다.

유괴 납치의 경우 어찌할 수 없는 상황, 저항할 수 없는 상황을 만들어 위안부로 만들었다면 이는 더욱더 비열하며 지능적이고 그 죄질은 매우 무겁다고 할 수밖에 없습니다.

일본 국가의 관료들 실무자들이 정책 결정자의 의도와 다르게 집행하였다 하더라도 공무원의 직무상 행위는 국가의 행위이며 그 책임은 국가에 있을 겁니다. 국가가 해당 행위를 한 실무자에게 죄를 묻든 구상권을 청구하던 그것은 별개의 문제이고 피해자는 당연히 해당 국가에 책임을 물을 수 있다고 생각합니다.

과연 우리 위안부 할머니들이 성적 자기 결정권이 있었는지 자유로이 조국의 품으로 부모 형제의 품으로 돌아올 수 있었는지는 강제로 위안부가 되었는지 매춘부인지 판가름하는데 아주 중요한 판단 근거라 생각됩니다. 만약 자신의 의지와 다르게 위안부가 되었다면 자결을 하거나 도망치다 맞아 죽거나 총탄이 세례를 하여 사살되어야만 매춘부가 아니라 한다면 이는 어불성설 언어도단이며 도저히 이해할 수 없고 이해될 수 없는 억지입니다.

단 한 걸음만

　선을 가까이 하고 악을 멀리 하라는 말씀은 누구나 알고 또한 모두가 행하고자 하는 삶의 방향이다. 하지만 감정은 다르다. 좋은 감정을 가지고 있으면 그냥 좋아지고 한번 악한 감정을 품으면 자연적으로 좋은 행동 좋은 말씀을 하여도 악감정이 그대로 흐르기 쉽다.
　기존의 감정상태를 이래라저래라 하며 감정의 선악을 마음대로 자신의 의지대로 유지하고 개선하기는 참으로 어려운 난제중의 난제다. 그냥 자신의 가슴 속에서 치밀어올라 어떻게 지울 수 없기 때문이다.
　자신에게 주어진 기존의 감정상태를 단 한 걸음만 전후좌우로 움직이며 춤을 춘다면, 신이 인간에게 부여한 특혜인 노력이라는 무기를 사용하여 자신의 의무와 권리를 실행하는 참 인간이 인간으로 거듭나며 세상에 젖과 꿀이 흐르는 낙원으로 인도하는 거대한 물 줄기가 되는 것이다.

우리의 사회, 국가, 지구전체를 스스로 즐겁고 행복한 곳으로 인도하는 일이며 우리 일상의 삶 우리가 가야만 하는 곳으로 제대로 나침반 바로보고 항해하는 일이다.

선의 경우 나의 가족이 행한 것은 나 자신이 직접 한 것으로, 우리의 이웃, 동네사람, 국민이 행한 선은 나의 가족의 일로, 외국인, 지구인, 세계인의 선행은 우리의 이웃 우리 국민이 행한 것으로 자부심 느끼며 먼 곳 아닌 우리 주위로 한 걸음만 다가가는 마음의 될 것이다. 이러면 이 사회 이 지구가 인간사랑 아름다운 사랑을 실천하는 성스런 장소로 탈바꿈 될 것이다.

반려동식물은 나의 가족으로, 우리가 기르는 가축은 인간으로 자연상태의 야생동물은 우리와 함께 생활하는 반려동물로 한 발짝만 살짝 끌어당겨 당기며, 보존가치 있는 무생물 자연물 조형물 등은 살아있는 생물로 간주하여 조금만 가까이 안아준다면, 구태여 거창하게 자연보호를 외치지 않아도 잘 보존되며, 생채기, 상처 입는 일 많이 줄어들 것이다

그러면 자연히 신이 부여한 생명은 함부로 거둬들일 수 없고 심지어 우리에게 꼭 필요한 흙, 돌, 물 등도 생명체로 사고의 전

환이 가능해지며 이 자연물을 함부로 대하는 일 없이 절로 오염, 훼손이 예방되며 자연보호는 가능해진다.

반대로 악을 행한다면(법적, 도덕적, 윤리적) 내 가족일지라도 우리의 이웃, 동네 사람이 행한 것이라고 한 발 물러서 객관적으로 판단하고 우리의 이웃, 친척, 친지의 경우에는 내가 알지 못하는 우리 국민 중 누군가 행한 악이라 여기며 연고감 지우고, 우리 국민 중 누군가의 악행은 지구인 다른 민족 우리와 친분 없는 외국인이 행한 악이라고 감정의 기준을 한 발 멀게 두어야만 감정의 지배를 덜 받게 되며 공정한 판단이 가능해진다.

질병 등 해악을 유발하는 유해짐승, 곤충, 박테리아, 바이러스 등은 생명이 없는 무생물로 간주하여 그 생명을 거두어들임으로써, 이 하나뿐인 지구를, 아름다운 땅 살맛나는 지구인의 삶의 질이 향상되게 더 치열한 노력한 필요할 것 같다.

내 가족이 기쁘면 나 자신의 일처럼 기쁘하고 내 이웃이 즐거워 하면 내 식구의 행복처럼 축하해주고 나쁜 일이면 나의 일처럼 내 가족처럼 위로하고 가슴 아파하는 인류가 되길 소망한다.

사회생활이나 정치인에 대한 일에서도 내가 지지하는 인물 정당이 아니더라도 선을 행하면 그의 팬이 되고, 내가 열망하는 인물 정당 일지라도 바르지 못한 언행을 한다면 한 걸음 뒤로 물러서서 거리를 두자.

정치인이 정치적 이유 혹은 소속정당의 방침에 따라 중용의 도를 지키지 못한다면, 이제는 우리 시민 국민이 나서서 중용의 도를 유지해야 한다

보수만이 항상 옳고 진보만이 항상 옳을 수는 없으며, 좌파만이 항상 그르고 우파만이 늘 옳지 않을 수 없다. 보수가 잘 할 때는 보수 지지하고 진보의 주장이 정의로울 땐 진보를 성원하는게 중용의 도이다.

자연적인 감정은 살짝 접어두고 한 걸음씩만 선한 쪽으로 움직이면 되고 그게 여의치 않으면 두 팔로 반 발씩만, 선은 잡아채고 악은 밀어내면 된다.

그러면 발은 사방팔방으로 움직이는 스텝을 하게되고 양팔은 앞뒤 좌우로 흔드는 즐겁고 신명나게 춤을 추는 아름다운 세상이 도래할 것이다.

집단이기주의 개인이기주의 등 사회의 해악은 자연 물러나고 감정의 상태는 자연 중화되며 공정하고 행복한 사회, 모두가 승복하고 인정하는 인간의 존엄과 그 가치가 실현되는 사회 국가 지구가 될 것이다 .

제자리에 가만있는 것은 주어진 것이고 앞뒤 좌우로 발을 움직이고 사방팔방으로 손을 흔드는 것은 노력하는 인간이라는 증표다.

코로나19

매우 망설이고 기다리다 이렇게 용기를 내어 글을 올립니다.

조금은 유치하고 누구나 생각했을 수도 있고, 지금 현재 연구 중일 수도 있다고 생각하면서도, 코로나19가 우리의 모든 일상생활과 패턴을 바꾸고, 우리의 행복을 빼앗아 가기에 코로나19 백신이 나오기 전 2020년부터 생각한 바를 감히 말씀드립니다.

박테리아, 바이러스 등이 정확히 무엇이고, 어떻게 번식하는지 잘 모르지만 만약 코로나19가 동물이라 가정하면, 주검으로 만드는 것보다 번식만 막아서 해결 한다면, 인체에 미치는 영향은 줄고 방법도 간단하리라 생각합니다.

　예를 들자면 정자와 난자를 없애자는 겁니다. 물론 인체에 유익한 박테리아 바이러스 등은 보호하면서, 또한 인간의 생식기능은 전혀 손상시키지 않는 치료제, 백신 등을 개발한다면, 그 부작용은 희미해질 것이고, 우리의 거의 모든 피부병, 질병 등을 거의 모든 박테리아 바이러스 공격으로부터 안전지대를 확보할 수 있다고 생각해 봅니다.

　수많은 생각들 중 하나 이겠지만 연구해 볼 가치는 충분하다 싶어 감히 이 글을 올립니다.

삼성그룹 부회장의
위법행위와 합목적성

지금 국민들 간에 삼성 부회장이 법을 어겼으니 법대로 처벌을 해야 한다는 목소리와 삼성 일가의 국가에 기여한 공로와 장차 국가와 국민에 대한 공헌이 예상되므로 사면을 주장하는 요구가 팽팽하게 맞서고 있는 것 같다.

국법은 준수되어야 하며 태양이 만인에게 햇빛을 골고루 주듯 국법은 모든 국민에게 평등하게 적용되어야 하며, 절대 권력자나 엄청난 황금을 가진 자에게도 법은 초연히 집행되는 것이 당연지사이며, 삼성가와 삼성 부회장이 국가와 국민에 기여한 공로를 부인하는 자 없으나, 잘못도, 위법도, 비도덕성도 함께 상존했으니 법대로 해야 한다는 주장도 나름의 정당성을 가진다고 볼 수 있다.

이러니 법의 존재 이유부터 살펴보아야 한다. 헌법을 비롯한 법률과 규칙 등은 질서를 유지하고 인권을 보장하며, 국민을 통합하는 국민이면 누구나 당연히 준수해야 하는 규범이다. 하지만 우리가 준수해야 하는 헌법을 비롯한 법, 규칙, 제도, 적법절차가 그 자체로는 목적, 목표가 될 수 없고, 인간의 존엄성을 유지하면서 국민 개개인, 국민 전체의 행복을 증진 시키는 삶의 질을 향상시키는 수단으로써의 법이다.

삶의 질을 높이는데 경제의 역할은 매우 중대하다. 오늘의 삼성이 있기까지 삼성맨들의 노력과 헌신, 우리 국민들의 애정 어린 응원 지구인의 삼성 사랑이 모두 합쳐져서 우리나라를 대표하는 기업이 되었다.

진정으로 목숨 바쳐 애국하고 모든 재산을 가난한 자와 나누는 사람은 위대한 사람임에 틀림없다. 또한 자신이 선 현 위치에서 최선의 노력을 다하고, 자신의 할 일 다 하는 자 또한 국가와 국민에 대한 책임을 다하는 자이며, 조국의 번영과 현재만이 아닌, 미래의 후손들에게도 엄청난 유익을 제공하며 인류의 삶의 질을 높이는데 공헌한 자이다.

과연 삼성가와 삼성 부회장이 자신들의 위치에서 자신들의 할 일을 다 했는지, 미래에 국가와 국민 개개인, 국민 전체의 삶의 질 향상에 기여할 수 있는 기회를 법이 제동을 걸어 합목성을 버리고, 법과 규칙이 목표로 전환되는 우를 범할지는 아직은 알 수 없다.

수많은 힘들이 모여 삼성그룹이 되었지만 리더 오너의 역할이 매우 중대하고, 삼성 부회장이 유능한 리더라고 여기고 국민들의 삶의 질 향상이라는 합목적성에 합치한다고 인정한다면, 사면은 고려할 수 있을 것 같다.

법대로 처벌하는 것이 법은 반드시 준수되어야 하고 어느 누구도 법 앞에서는 평등하며, 현재만이 아닌 미래에도 있음 직한 범법행위를 예방하는 것이 오히려 삶의 질을 높이는 것이라면, 사면의 고려는 멀어질 수밖에 없다.

군 가점 문제

 최근 정치권에서도 논의 되는 군 가산점 문제는 이게 평등의 원칙에 부합하는지, 공정한 사회에 적합한 것인지, 혹여 역차별의 문제는 아닌지 등 정치권과 세간의 화두가 되는 것 같다.
 TV를 통해서 여성가족부 존폐까지 논의되는 보도를 접한다. 본인의 책 "인생의 황금률" 책 속의 더불어 사는 사회(소제목)를 원문 그대로 소개한다. 물론 세간의 오성에 바탕을 둔 친구가 술을 세 번 쏘면, 자신도 한 번은 대접해야 친구라 부를 수 있고, 친구가 될 수 있다는 전제를 깔고 쓴 글이다.

"더불어 사는 사회"

신성한 국방의 의무를 수행하면서 사실상의 불이익을 받는다면 이는 어느 누구도 수긍하기 어려운 일이다. 2년 동안의 군 생활은 많은 것을 배우고 느끼게 하지만 수험생에게는 큰 아쉬움으로 남는다. 군 생활 동안 공부를 할 수 없는 것은 물론이고, 이미 배우고 익힌 지식조차도 상당 부분 잊어버리기 마련이다. 고로 군 생활을 하지 않는 남녀 수험생에게 6개월간 사회와 국가를 위하여 봉사케 해야 한다. 장병에게 지급되는 월급 없이 근무하게 하여 역차별과 형평성을 어느 정도 해소할 수 있도록 해야겠다. 가산점을 5점 정도로 하던지 3점 정도로 조정 하든지 이건 문제가 될 수 없다. 만약 6개월 정도도 봉사할 수 없는 수험생이라면 공무원이 되더라도 근무할 자격이 있는지 의문이 간다. 현역 장병, 제대군인에겐 약간의 손해 보는 느낌이 들더라도 신사도로서 감내할 수 있을 것이다.

여성이나 어떤 사정으로 군에서 봉사할 수 없는 수험생에겐 미안함도 어느 정도 상쇄할 수 있다. 현실적으로 현역 군인과 똑같은 시간 동안 봉사하라고 요구한다면 가점을 받기 위해 실행에 옮길 수험생이 과연 얼마나 될까!

군 복무를 마친 제대군인들 역시 자발적으로 2년을 봉사하라고 하면 쉽지 않을 것이다. 현실을 직시하고 형평에 맞게 요구해야 되지 않을까? 대한민국 파이팅 — (본문 중에서)

"군인 정신"

장맛비에 지구가 떠 내려가도 조국을 수호하고
벼락이 태산을 쪼갤 때 조차도 평화를 지키며
태양이 다가와 지구를 포옹할 경우에도 지구와
인류의 번영을 위해 군인의 본분과 사명을 다하는 이가
대한민국 국군이다.
이상우 드림

♣ 댓글

000 : 우리나라가 처한 특수한 상황이 모두에게 자유로울 수 없는 상황을 만들고 있습니다. 누군가는 혜택을 받고, 누군가는 불이익을 당하고 있으니 모두를 자유롭게 할 수 있는 방법이 과연 있을까 늘 의문이 들긴 합니다.

시대가 새로운 정신을 만들어 내고 있으니 이 시대에 가장 멋들어진 솔로몬의 지혜가 도출되기를 바랄 뿐입니다.

작가님의 고견이 대안을 제시하는 정치인들에게 조금이나마 여지를 주면 좋겠네요.

코로나19 치료제

    코로나19 백신과 치료제 개발의 방향에 관하여 글 올린적 있습니다. 그 연장 선상에서 다시 펜을 잡았습니다.
    흔히 백가지 식물을 채취하여 섭취하면 아무 탈 없다고들 말합니다. 그 백 가지 식물 속에는 독초도 있고, 약초도 있고, 치료제도 있어서 중화가 되기 때문입니다.
    이 지구는 반드시 중화되게 독이 있으면 약이 있고, 질병이 있으면 치료할 수 있게, 뭔가를 숨겨 두었다고 생각합니다. 우리가 발견 못 했을 뿐 어딘가에는 숨겨져 있으며, 그것을 찾는 것은 우리 인간의 몫이라 여겨 집니다.
    어제(2021. 8. 26.) 왼쪽 손등이 땅벌에 한방 쏘였습니다. 그랬

더니 오히려 올 초부터 아팠던 왼쪽 어깨가 많이 호전되었습니다. 옷을 입지도 벗지도 못할 만큼 고통이 따르던 어깨와 팔뚝이었습니다. 또한 오늘은 오른쪽 어깨를 장수 말벌에게 내 주고 말았습니다. 그 증상은 코로나 백신 접종 때와 엇비슷했습니다. 통증의 강도도 거의 동일합니다.

단 백신은 왼쪽 팔뚝에 접종했으나 오른쪽 왼쪽만 다를 뿐 그 봉침의 위치는 백신 접종 주사기를 꽂은 곳과 거의 동일한 곳입니다.

벌은 이 땅의 온갖 식물들을 드나들며, 이 식물들의 오만가지 효등들을 가지고 있을 겁니다. 그 효능의 정수 혹은 정화가 봉독이라 여겨집니다. 수 많은 효능이 봉독 속에 저장되어 있다면, 코로나19 혹은 또 다른 바이러스와 기타 질병을 퇴치하는데 봉독을 잘 분석하고 연구하면, 어떤 해답을 찾을 수 있을 겁니다.

수 천년 수 만년 혹은 더 이상 존재한 벌들의 그 DNA 통해서 전해진 효능의 엄청난 자원의 비밀을 푸는 건 우리의 건강에 획기적인 도움을 줄지도 모릅니다.

♣ 댓글
000 : "뱀독이 코로나 75%억제 — 특효약이 될 수있다."

브라질 연구진이 뱀독이 코로나19 특효약이 될 수 있다는 사실을 증명했다고 로이터 통신이 1일 보도했다 한편 이번 연구에 사용된 뱀은 자라라쿠수다. 이 뱀은 브라질에서 가장 큰 뱀 중 하나로 길이가 최대 2미터다. 해안 숲에 서식하며 볼리비아, 파라과이 아르헨티나, 등에서도 발견된다.

    OOO: 봉침, 봉독! 좋지요. 벌은 인류와 공생하고 인간에게 최고의 선물을 주고 있습니다. 벌이 지구에서 사라지면 인간도 멸망 한다는데, 벌에게 쏘이면 아프고 심하면 사망도 한다는데 병도 주고 약도 주고하는 벌의 양면성을 어떻게 할까요.

대선공약

요즘 TV 뉴스 보면 많은 대선공약이 쏟아지고 네거티브도 많아지고 있다. 정치는 잘 모르기 때문에 어떤 평가를 내리고 싶지 않다.

하지만 군필자에 대한 공약에는 관심이 절로 간다. 나가 군필자이어서 그런지도 모르겠다.

군필자에 대한 보상으로 거의 모든 후보자들이 경제적 보상과 돈과 관련하여 얘기하고 있다.

군 생활은 물론 힘들고 고된 곳이지만 가장 큰 희생은 2년이라는 시간의 흐름이다. 이러니 시간에 대한 보상에 집중되어야 한다. 사실 군 면제자들은 (여성 포함) 사회적 약자들이 대부분이다. 군 면제 사유를 정확히는 모르지만 여성, 공로자, 정책적으로 육성하는 자, 사회경제적 약자, 신체적 부적합자, 그리고 군 기피자, 거부자 등등일 것이다.

돈으로 경제적으로 신성한 국방의 의무에 대한 보상에 집중한다면 군 미필자들은 오히려 보호받아야 하는 대부분 경제적 약자임에 더욱더 힘들게 된다.

국가를 보위하고 국민의 안전과 생명 재산을 보호하는, 국민으로서의 책임과 의무를 다하는 건 당연한 것이다. 병역의무 당연히 해야할 일 다하는 것 뿐인데 무리하게 특혜를 준다면 약자는 설 곳이 없다.

군에 복무하지 않은 자도 당연히 우리 국민이다. 군 기피자, 거부자들은 제외하고 미필자들에게는 차별이 아니고 사회적, 신체적, 생리적, 경제적 차이는 존중해서 이들에게는 군 복무자와 마찬가지로 혜택을 받을 수 있는 합리적인 방안과 제도는 마련되어야 한다.

시간에 대한 보상으로는 취업에 군 가점제도와 정년의 연장 등 여러 가지 방안이 나올 수 있을 것이다. 국민적 합의가 요구된다.

♣ 댓글

OOO : 군필자 혜택이 필요할 듯 합니다. 정년연장 괜찮은 아이디어네요. 국민들의 아이디어를 모아보는 공청회라도 여는 건 어떨까요?

OOO : 군 가점 혜택이 대법원 판결로 사라지니 28살 먹은 우리 아들은 초등학교 졸업때까지 6년 동안 계속 여자 담임선생님을 만났다고 하네요. 초등학교 교장선생님은 교육청 인사담당자에게 제발 남자 초임 선생님 부탁한다 하네요.

이상우 답글

무엇을 하던 무얼 계획하던 목표와 목적 방향이 정해져야만 우왕좌왕 하지 않고 수단과 방법을 선택하고 합목적성을 유지할 수 있다 생각합니다. 교육은 국가의 백년지 대계이며 그 목적은 전인적 인간, 인간사회에 필요한 인재, 균형된 사고와 한 쪽으로 치우침 없는 사회인을 육성하는 것이 그 목표라 생각합니다. 어른들의 취업이 목적이 될 수 없으며 그 목표에 부합하는 정책과 수단이 절실합니다.

편 부모보단 양친으로부터 양육 받는게 바람직하고 남,여 선생님들의 고른 교육이 사회를 건전하게 바라보고 강하고 굳센 남선생님과 부드럽고 자애로운 여 선생님들의 장점을 모두 합쳐 훌륭한 사회인으로 성장하여야 강할 땐 강하고 부드러울 땐 부드러운 전인적 인격이 갖추어 지리라 생각합니다.

선생님들 남녀 비율을 전체 선생님이 아니라 각 학교별로 일정수준 유지하여 균형되고 조화로운 교육현장 되었으면 합니다.

대선 후보

이 글 블로그에 올려볼까 말까 참 많이 망설이다 어찌 됐던 자유대한민국은 언론의 자유 있으니까 하고 펜을 잡았습니다.

어릴 적 어느 늦가을, 초겨울인가 나를 불러 앉혀 나의 귓전에 "상우야, 인생을 살아가면서 네가 혹시라도 누군가와 원수를 맺게 되거든 네가 원수보다 더 잘되는 게 원수를 갚는 길이고 집안을 세우는 일이니, 그걸로 만족해라"라고 인생의 방향을 말씀으로 정하여 주신 선친의 보습이 눈에 선하게 다가옵니다.

지금 현재 대선을 앞두고 세간에 어느 누군가가 대선에서 승리하면 다른 한쪽은 감옥을 가지 않을 수 없다고 얘기들을 하고 있습니다.

　관용의 정치 포용의 정치가 아쉽고 정의와 법률의 이름으로 처단한다는 말보다 잔인한 것이 없다는 어느나라(프랑스)의 격언 또한 새삼스럽다. 정의와 법률의 이름으로 처벌한다는 데 저항하기도 대응하기도 변명하기도 어렵지만, 더욱더 힘든 건 국민들도 이에 동조하기 쉽기 때문 아닐까요.

　대선후보들 역시 우리와 같은 인간이기에 인간적인 약점 한계를 가질 수밖에 없고 실수 시행착오 등을 범할 수밖에 다른 도리는 없을 겁니다.

　하지만 국민의 대표자, 국가의 대표자에게는 많은 인간적 약점을 극복할 수 있는 역량을 가진분을 원하는 건 또한 당연한 일이라 할 수 있겠다.

　한 개인으로서는 비록 합법적인 방법으로도 "어떻게 하면 남을 속일 수 있을까" 궁리하고 연구하지 않는 고결한 영혼의 소유자, 인간의 향기가 그가 앉은 자리에만 머물지 않고 그 옆에까지 풍기는 이런 분들이 대선 후보가 되고 또 당선 되었으면 하는 바람입니다.

　국민에게는 관대하고 인자하며 외국에 대하여는 국민의 자존감 국가의 권위를 잃지 않는 이런 분 빈대 잡으려다 초가 삼칸집 안 태우는 지혜를 가진 현명한 분을 우리의 대통령으로 하고 싶습니다.

어머니와의 영원한 이별 편지

어머니를 떠나보내며

아버님은 영원히 썩지 않을 뿌리 남기시고

어머님은 지구를 떠받 칠 줄기 만드시고

머언 나라로 가셨네

나는 나는 가장 쉬운일 꽃 피우고 열매 맺는 일만 남았네
운명의 일인가 나의 잘못인가 눈물만 용솟음치네

불효한 자식으로 나름으로 효도 했다한들
아직 부모님 뜻 받들지 못했네

그리운 아버님 어머님 인류와 세상을 위한 인간의 길 걸을래요.
몸이 부서지고 어떤 난관 어려움이 있더라도
그 높으신 뜻 받들겠습니다.

2021. 11. 24.
불효 자식 상우 드림

조조와 포청천의 상대성

　조조는 꾀 많고 임기응변에 뛰어난 인물로 묘사되고 있다. 소설 삼국지의 조조가 실재로 그랬는지는 알 수 없으나 여하튼 그는 매우 탁월했으며 영웅인지 간웅인지 평가하기 어려우나 삼국 중에서 위나라를 가장 강한 나라로 만들었으며 명분보다는 실리를 가장 잘 챙겼고 그가 지닌 재능으로 많은 업적을 남기고 위민 정치를 했다.
　그러나 한 인간으로서는 윤리와 도덕적인 면에서 많은 문제점을 드러냈다.
　판관 포청천은 TV를 통하여 많은 국민들의 사랑을 받는 프로그램이다. 권력자와 강자를 불문하고 그들의 비리를 심판하고, 정의의 칼날을 열과 성을 다하여 들이밀었다. 약자를 보호하고 법의 공정함과 추상같음을 사심을 두지 않는 판관으로서의 모범을 보여주었다.

그러나 다양한 세력들의 집합체인 사회와 각국의 이해관계가 모여있는 국제사회에서는 정의와 공정보다는 힘이 우선이며 자국의 이익이 어떤 가치보다 선행하기에, 법만이 중시되고, 다른 가치가 소홀해지면, 명분은 얻을 수 있으나 실리를 획득하는 데는 조금 문제가 있을 수 있다.

국제관계에서는 군자와 소인이 거래하면 항상 군자가 손해 본다는 말 또한 고개를 끄덕이게 한다. 공자의 에피소드 하나 소개하면 어떤이가 공자에게 "우리나라는 아비가 잘못하면 아들이 신고하고 아들이 불법행위 하면 아비가 신고하는 등 준법정신이 투철하고 법이 잘 지켜진다."고 자랑하자, 공자왈 "우리나라는 아비가 위법행위를 하면 아들이 숨겨주고 아들이 불법행위 하면 아비가 숨겨주고 변호한다."라는 말 또한 나름의 의미를 가진다 할 것이다.

민주주의는 자신이 선출한 대표자가 법을 만들고 그 법을 자신스스로가 지켜야 하는 원리 즉 자신 스스로 통치하고 스스로 통치당하는 원리인 것 같다.

하지만 인간적인 약점이 있고 스스로 약속하고도 지키지 못하는 우리 인간의 한계, 언행일치가 잘 안 되는 것이 또한 인간인 것 같다.

  법자체의 문제라기보단 대부분은 '운용의 묘' 살리지 못하는 게 문제인 것 같다. 모든 법을 엄격하게 적용하다보면 법의 그물에 걸려들지 않을 자 과연 얼마나 될까? 사회의 질서는 법 만으로는 유지되지 않고 유지될 수도 없다. 윤리, 도덕, 철학, 경제, 관습, 문화 등 모든 것이 융합되어 하나의 큰 질서로 통합되고 유지되는 것이다. 자신이 만든 법에 올가미를 뒤집어 씌는 경우가 허다하고 인간으로서의 약점은 누구나 지니고 있다.

  엄청나게 혼란스럽고 수 많은 난제들이 모여 있는 지금, 현시대에 국가와 국민을 위해서는 유능한 조조가 시대의 부름에 부합할까요?

  도덕성이 상실되고 남 속이기를 예사롭게 생각하는 타락한 작금의 시대에 정의로운 판관이 국민의 부름을 받을까요?

♣ 댓글

OOO : 선택의 시간이 다가왔다는게 문제!

가장 행복한 고민의 시간이 될 듯 합니다. 이긴 자가 모든 걸 갖는 오징어 게임에서 하늘처럼 둥글고 땅처럼 평평하고 사람처럼 각진 삼위가 일체인 사람이 선택되었으면 하네요.

선택의 기준

이제 선택의 시간이 코 앞으로 다가왔다. 언론 매체가 전하는 2강 1중이 다투고 있는 정책의 내용은 큰 차이가 없으며 특히 2강의 정책은 대동소이하다. 정책이 크게 다르지 않다면 진보냐 보수냐 따지는 것도 무의미하여 진영논리로 몰아가는 것 또한 국가와 국민의 선택에 큰 도움이 되지는 않는다.

우리가 바라는 바는 국가의 발전과 국민 모두의 행복 증진과 정의사회를 이루는 큰 목표에 부합하는 인물이 국민과 국가에 봉사할 수 기회를 갖는 게 바람직하지 싶다.

지금 현재가 위기의 상황이고 특수한 경우로써 지금 당장의 급한 불을 끄고자 한다면 임기응변의 능력과 유연성이 탁월한 인물을 선택하는 게 바람직하며, 조금은 위기상황이지만 그 고통을 충분히 감내하고 견딜 수 있는 현 시점이라면 공정과 정의 도덕성 등 원칙에 입각한 원론주의자가 국민에 봉사하는 게 바람직할 것이다.

　국민 개개인이 처한 상황은 모두 다 다르며 개개인의 인생관 철학 등에도 개인차가 있으니, 어떤 진영, 어떤 지역 등은 선거 때 만은 거리를 두어 자기자신의 본 모습, 실리와 명분 둘 다 이룰 수 없을 땐, 명분 실리 중 하나를 선택해야 한다. 자신의 철학에 입각한 선택이 바람직함은 우리 모두 알고있는 사실이다. 양명학의 지행합일 이란 글귀가 갑자기 눈앞에 나타난다. 행동으로 실천하지 못하는 지식은 앎이 아니고, 앎과 행동이 일치할 때 만이 진정으로 앎이라 한다.

♣ 댓글

OOO : 요즘 들어 지행합일의 도가 유독 생각나네요.

답글 : 학문과 현실의 거리감이 있네요.

검수 완박

TV뉴스를 볼 때마다 검찰의 수사권 박탈 문제로 난리다. 입법독재란 용어도 등장하고 검찰을 비롯한 법조계에서는 범법자들이 거리를 활보하고 나다닐 것 이란 주장도 나온다.

모든 제도와 법규는 국민을 위하여 민주주의를 구현하기 위한 방안이며 특히 법은 정의의 구현이며 공정한 사회유지 국민의 생명과 안전을 위한 장치이며 국민에게 편안함을 선사해야만 한다.

제도는 효율성 효과성을 유지하면서도 권력의 독점과 남용을 방지하기 위한 수단으로도 활용되고 있다.

인간은 정치적 동물이고 국민의 대표성 문제를 이야기 한다면 국민에 의해 선출된 정치인이 시험과 자격으로 발탁된 법조인보다는 대표성이 강하다.

정치보복이니 검찰의 정치적 성향 혹은 표적수사 등등이 혹시라도 발생할 소지도 충분히 존재하니 정책의 문제, 정치의 문제, 정치인이 연루된 사건, 정권의 문제등에 대한 기소와 수사의 분리문제는 검찰도 인간이니 불완전함에 대한 보완의 문제로 시각을 돌릴 수 있다.

그러나 정치와 연관이 없는 사안에 대하여 검찰이 수사권을 계속 유지하는 방안은 이중의 안전장치로 이해할 수 있다. 경찰과 협조하면서 서로 보완하며 크로스채크하듯 선량한 양민을 보호하는 데 만전을 기해야 하는 것이다.

불완전한 인간이기에 그 행위의 결과 또한 완벽할 수 없다. 하지만 선량한 양민을 보호하는 데는 한 치의 허점도 허용해서는 안 될 것이다.

2부

만 5세 조기입학

　만 5세 초등학교 입학 학제개편이 논란이다. 교육의 문제는 가장 근본적이고 조국의 미래, 인류의 미래를 위해서는 가장 중요한, 그리고 한번 실패하면 본인 개인은 물론 국가와 인류에 지대한 영향을 미치며, 회복하려면 몇십 년이 걸릴지 아무도 예측 불가이다.

　사정이 이러니 아이를 가진 젊은 학부모, 인류와 조국을 생각하는 많은 분들이 관심을 두며 교육정책 입안자, 역시 고민에 고민을 거듭할 수밖에 없다.

　지금 현재에도 즉 50, 60년 세대에도 만 5세 조기입학 한 분들이 제법 많다. 이분들에게 조기입학 애로사항과 효과 등을 직접 물어 보고 연구해 보고 참고하는 것 또한 생략하면 안 된다.

제 개인적 생각으로는 현재와 같이 만 6세 입학을 원칙으로 하되 입학정원의 10% 이내에서 만 5세 조기입학을 할 수 있도록 허용하되 구체적인 방안은 각 지방교육자치에 권한을 위임하여 지역의 민심과 실정에 맡기는 것도 좋을 것 같다.

입학 기준을 예로 든다면, 지원자가 10% 초과 할 경우엔 생일 빠른순, 유치원으로부터 추천받은 자등 기준을 정하면 된다.

교육의 특성상 지금 당장은 조기입학의 긍정적 효과보다 부정적 효과가 나타나기 쉬우나 어느 시점 미래에는 평등의 문제보다, 인류와 조국에 더 바람직하고 행복을 선사할 수 있다는 신념이 있다면, 조기입학을 추진하는 게 바람직 할 수 있다.

이도저도 곤란하다면 교육자치에 완전히 맡겨 버리는 것도 자치권과 자율권을 보장하는 방안이 될 수도 있다.

반일 친일 논쟁

 언제까지나 과거의 일에 얽매일순 없다. 그렇다고 과거 청산 없이 아무 줏대 없이 살아갈 수도 없다.
 자신의 향락과 욕망을 위해서 방탕한 생활을 즐기면서 돈을 아무렇게나 쓰는 사람을 우리는 '이타주의자' 라고 칭하지 않는다. 결과적으로야 자신의 재물을 희생하여 다른 이가 돈을 벌게 만들고 국가 경제에 플러스 효과를 주었을망정 말이다.
 음흉한 목적을 가지고 타인에게 호의를 베풀고, 친절을 선물한 사람에게 우리는 고마운 사람이라 할 수 없다.
 오히려 향락산업에 종사하는 사람조차도 자신의 남편, 아내, 자식들이 그런 사람들과 어울릴까봐 물들까봐 노심초사 할 것이다. 불순한 목적을 가지고 친절을 베푼 사람에겐 비난과 함께 지인들에게 그사람 조심해야 한다고 경고할 겻이다.

제국주의도 똑같은 논리가 적용 될 수 있다. 그들의 불순한 목적을 달성하기 위해 경제적 기반시설을 마련하여 우리 경제발전에 도움이 되었다 한들, 우리의 경제성장에 밑거름이 되었다고 말해선 안 된다. 흙덩이가 굴러가면서 다른 이물질이 흙 속에 들어왔다 하더라도 과학자와 그걸 분석하고 연구하는 자들을 제외하곤 거의 모든 사람들이 흙덩이라 하지 다른 무엇무엇이 같이 섞여 있다 말하지는 않는다.

큰 잘못에는 작은 선행은 묻혀버리고 세상 모든 것에는 양면성 있고 이면이 있어며 아무리 성인 군자라 할지라도 잘못이 전혀 없을 순 없으며 세기의 악인이라 하더라도 선한 면이 한 군데라도 없지는 않다.

악행을 일삼다가 개과천선하여 착한 사람으로 돌아 왔다면 우리는 친구로서 받아들여야 하며 그 친구와 동행해야만 한다. 그 친구 역시 과거의 자신의 잘못을 인정하고 한 맺히고 응어리진 가슴을 풀어 주어야만 진실한 친구로서 새 출발 할 수 있다.

위안부와 강제징용등의 응어리진 한을 풀어 주어야만 한다. 그러나 새 사람으로 거듭난 친구에게 너무 무리하거나 할 수 없는 요구를 한다면 친구가 될 수 없다.

망국의 한을 우리에게서 찾고 반성하는 일 또한 멈추어서는 안 된다. 하지만 망국이 우리에게 있다고 말해서는 안 된다. 힘이 약한 서민이 조폭에게 폭행을 당하고서는 그 책임이 조폭보다 힘이 약해서 그렇다고 말하지 않는 것과 마찬 가지다. 또한 코로나로 사망한 분들을 몸이 허약해서 위생관리를 잘못해서라고 말하지 않는다. 그냥 코로나로 사망하였다 한다.

전 인류가 상식적으로 사용하는 것을 다른 원인으로 집계하고 사용해서는 안된다.

물론 과학자나 의사등 그 분야에 종사하는 분들은 몸의 건강상태와 여러 가지 원인들을 분석하겠지만 발표를 할 땐 언제나 코로나로 한다.

'적의 적은 나의친구'란 말이 있지만 적의 적이라도 악인이면 그들과 손잡지 아니할 분들이 우리 국민들의 대다수 일 것이다. 하지만 국가는 국민의 생명과 안전 재산을 보호하는 것이 최우선인 현실에서, 국제사회가 정의와 공정보다는 자국의 이익이 무엇보다 우선시되는 지금 현재, 인류 전체, 인간의 본질에 대한 범죄행위를 제외하곤 우리의 안보를 위한 선택은 모든 수단이 강구 되어야 한다.

뼈아픈 역사를 잊어서도 안 되지만, 과거가 우리의 미래를 옥죄어서도 안된다.

단순히 먹물 근성으로 이 글을 올릴까요?

조국이 부르면 조국이 위태로우면 총 들고 전선으로 달려갈까요?

언론의 자유와 국익 우선성

온전하고 절대적 자유를 누릴 수 있는 자는 창조주 뿐이다. 절대적으로 선한 존재이기 때문이다. 인간에게는 완전한 자유가 보장되지 않으며, 법적 윤리적 도덕적 책임에서 전적으로 자유로운 자만이 자유를 온전히 누릴 수 있다. 자유를 부정하는 자유는 인정될 수 없으며 자유에는 반드시 책임이라는 그림자가 붙어 다닌다.

MBC 기자 공군 1호기에 탑승 못 했다고 뉴스는 전한다. MBC 보도가 바이든인지, 날리면 인지 논란이 되면서 이 보도가 국익에 도움이 되지 않았다고 판단한 것 같다.

사실 누구든지 칭찬을 받게 되던지 좋은말 부드럽고 고운말

들으면 기분이 상쾌해지는 건 당연하며 비난이나 거친 표현을 받으면 기분이 상해지는 건 인간인 이상 어쩔 수 없는 노릇인 것 같다.

　세계 최 강대국 미국의 대통령은 세계의 대통령이라 불릴 만큼 세계의 질서에 우리의 삶에, 안보에 절대적 영향력을 끼치고 있으며 우리는 미국의 눈치를 보지 않을 수 없다. 하지만 우리의 영혼까지 강대국이라 해서 팔아서는 안 되며 논란이 된 발언의 MBC 보도가 사실이라 할지라도 지금 당장은 미 의회나 미 대통령에 대한 결례라고 할 수 있겠지만 우리의 국익을 훼손했다고는 말할 수 없다.

　면전이 아닌 개인적인 이야기라 할 지라도 미국에 예속된 국가가 아니라는 점을 대통령이 증명하였고 MBC 기자 역시 대한민국이 언론의 자유가 보장된 나라임을 천명하였다.

　현실적 국익 때문에 상대방의 기분을 맞추어 내는 것도 필요하지만 면전이 아닌 개인적인 사담까지 할 말 못 한다면 그것은 종속된 나라임을 자처하는 것이다. 미 국민들 역시 대한민국은 권위주의 나라 독재의 나라, 미국에 종속된 나라가 아님을 재확인 하였을 것이고 언론의 자유가 보장되고 다양한 의견이 공존하는 안전한 나라임을, 위험하고 믿을 수 없는 나라가 아닌, 정치 경제적 자주국임을 부인할 수 없을 것이다.

　이번 사태가 언론이 국익에 반하면 잠시 생각할 시간을 마련해 주는 메시지를 전하지만 언론의 입장에선 언론의 본분을 다한 것이고 그것 또한 대한민국과 세계인의 자유를 보장하는 길임을 확인한 것이다.

어떤 정치적 목적과 사익 특정 정당의 이익을 위해서 외교적 결례를 확인하고 언론의 자유를 이용한 것이라면 제제의 가능성과 비난의 화살을 쏠 수도 있겠지만, 단순히 언론의 역할, 언론인의 본분을 다한 것이라면 오히려 국위를 선양한 게 되고 온 누리에 자유국가임을 증명한 것이 된다.

사익이나 정치적 목적없이 자신의 본분을 다하는 행위는 언론 뿐만 아니라 세상 모든 일의 결과가 더디더라도 국익으로 인류의 이익으로 반드시 메아리가 되어 되돌아 올 것이다.

사랑 1. 2. 3.

사랑 1. (아내에게 바치는 나의 노래)

당신이 곁에 있으면 아무 근심 없습니다.
마냥 편안 합니다.
무엇과도 바꿀 수 없는 내 사랑
하지만 애도 먹이고 싶습니다.
당신 없는 세상은 허전하고 텅 빈 시공간입니다.
어떤 핑계를 대서라도 당신을 내 가까이 당기고 싶습니다.
당신이 아무리 친한 친구와 함께해도 언제나 나와 늘 같이 하기를 소망합니다.

이것이 사랑인 듯 저도 내마음 알 수 없습니다.
그냥 무엇이 당기는 대로
보이지 않은 말릴 수도 없는 강력한 거부할 수 없는 힘인 듯 합니다.
사랑합니다. 사랑하는 당신의 남편이 되어 행복합니다.

사랑 2. (양심에게 바치는 나의 노래)

순백의 눈 보다 더 깨끗한 당신의 심장
나에겐 황금도 명예 보다 당신의 순수한 마음이
늘 곁에 있길 치성드립니다.
늘 당신을 가슴 깊이 묻어두고 아낍니다.
양심이라는 당신
나를 지켜주고 보듬어 주는 언제나 따스하고 포근한 당신입니다.
당신 곁이면 모든 두려움 무서움 사라지고 평안과 안도가
나를 뉘입니다.
당신은 무슨 능력으로 저를 편안하게 하시나요.
나도 온 몸 던져
사랑하는 당신을 지키겠습니다.

사랑 3. (돈에게 바치는 나의 노래)

세상 모든이가 사랑하는 당신
당신을 위해서라면 지구 끝까지
시베리아의 혹한과 열사의 사막도 망설임 없이 갈 겁니다.
당신이 없으면 굶어 죽습니다.
세상 모든이가 사랑하고
세상 모든 일을 주관하고 처리하는 돈이라는 당신
이젠 당신의 정체를 알았습니다.
사랑하는 이를 멀게하고 양심이라는 지고지순한 이도
삼켜버리는 당신을 알았습니다.
저도 당신을 구하기 위해 진 종일 땀 흘립니다.
고된 노동은 저를 지치고 힘들게 하지만 당신을 사랑하기에
내일도 삽 들고 곡괭이 후려 칠 겁니다.
하지만 당신의 정체를 안 이후
제 품으로 달려와 안길지라도 포옹하지 않겠습니다.
깨끗하고 순백의 당신만을 기다립니다.

이태원의 슬픔

 젊은 청년들이 채 꿈도 영글지 못하고 저 먼 나라로 떠난 슬픈 참사에 깊은 애도와 명복을 빌어 마지 않습니다.
 이 젊은 영혼들이 진실로 바라는 게 있다면 무엇일까요. 혹여 정치공학적으로 또는 황금의 크기로 접근하고 해결하고자 하는 이가 있다면 이 순수하고 맑은 영혼들을 더욱더 슬프게 하는 일일 겁니다. 깨끗하고 맑은 영혼들이 우리 사회와 국가에 대해 무엇을 기대하고 그들의 가치관 가족관 인생관 희망 등을 가감 없이 담아 한 권의 책으로 엮는다면 우리 젊은이들의 나침반을 알 수 있을 것이며, 진심 어린 글들은 우리 모두를 감동하게 만들 겁니다.

인간의 존엄과 생명 앞에는 보수 진보등 진영 논리가 성립할 수 없으며 여야가 모두 한마음이 되어 위로하며 저발 방지를 위해 노력하고 반성해야만 헛된 일이 아닐 것이다.

여기에는 오직 인간의 냄새만 있을 뿐 이 인간의 향기는 바로 인간 그 자체의 동질감 일 겁니다.

누군가에게 책임을 묻고 처벌한다고 하여 젊은 영혼들이 고개를 끄덕이고 유족들의 가슴아리고 뼈저리는 통한의 눈물이 치유되고 풀어지고 닦아지겠습니까? 우리 모두가 유족의 입장이 되어 바라본다 해도 유족의 고통은 치유되지 않습니다.

유족 그 자체가 되었을 때만이 통증이 어느 정도 가라 앉을 수 있고 슬픔이 어느 정도 반감될 수 있을 겁니다.

우리나라 직장인 90%가 화병을 앓은 적 있다는 설문조사가 있다고 합니다.

생존의 전쟁터에서 엄청난 스트레스가 우리를 공격하고 위협하고 덮치는 마당에 젊은 영혼들이 젊음을 발산하고 정신건강을 지키기 위해서 축제에 참여하는 건 어쩌면 당연지사일 수 있습니다. 저 자신도 어쩌면 젊고 환경적 요인이 충족되었다면 그 참사의 현장에 함께 했을 수도 모르는 일입니다.

국가도 정부도 다원화 다면화 복잡화 분업화 된 밤하늘의 별만큼이나 많은 오늘의 우리사회 일들을 다 소화해낼 순 없습니다. 더군다나 경험하지 못한 일들은 고도로 숙련되고 훈련되어

특별한 감각을 지닌 공무원들만이 사태의 심각성을 **빨리** 정확히 인지할 수 있을 겁니다.

국가가 할 수 있는 일에도 한계가 있을 수밖에 없으니 국민들의 협조가 절대적으로 필요한 오늘의 우리 사회입니다.

우리의 NGO들이 나서야 합니다. 시민사회 단체들이 정부의 한계를 보완하며 감당해 내야합니다. 성향이나 정파 등을 모두 무시하고 인간 그 자체만 인간의 냄새만 찾아야 합니다.

인간 존엄의 가치는 단 한사람의 가치나 인류 전체를 합한 가치나 똑 같이 크고 높으며 그 가치는 인간으로서는 측량할 수 없는 무한대입니다.

왜 어째서 인간이 존엄하고 그 가치가 지고 무상하여 측량 불가인지 우리 모두 깊이 숙고해보는 시간이 필요한 거 같습니다.

무한대의 논리

무한대

무한대 〈더하기〉 무한대 = 무한대
무한대 〈곱하기〉 무한대 = 무한대

여기까지는 쉽게 이해가 됩니다

무한대 〈빼기〉 무한대 = 무한대 혹은 0
무한대 〈나누기〉 무한대 = 무한대 혹은 0

일 것 같습니다만 해답을 구하기가 참 어렵습니다
한번 생각해 봅시다

무한대의 논리 해명 : 영〈0〉의 논리

　　무한대 곱하기 무한대 = 무한대
　　무한대 더하기 무한대 = 무한대
　　무한대 나누기 무한대 = 무한대
　　무한대 빼　기 무한대 = 무한대

　무한대는 어떤 수식을 사용해도 무한대가 될 수밖에 없습니다. 예를 들자면 무한한 시간이라면 아무리 많은 시간이 흘러도 무한대의 시간이 남습니다. 무한대의 물이 있다면 무한의 시간으로 무한의 물을 퍼내도 무한의 물이 남습니다. 무한의 공간이라면 아무리 무한의 속도로 무한의 시간을 소모해도 그 끝이 보이지 않습니다.

인간에게 이 논리를 적용하면 어떤 인간이든 아무리 악인이든 선인이든 인간 그 자체로 인간의 존엄성이 있으며 그 누구도 훼손해서는 안 된다고, 그 가치도 똑같다고 배웠습니다.

그래서 유명한 법언 "죄는 미워하되 인간은 미워하지 말라"는 이 글귀를 진리처럼 여기며 수많은 세월 동안 수많은 사람들이 공감하고 있습니다.

이 무한이라는 개념은 논리의 흐름은 막히지 않으나 무한이라는 이 개념 자체가 허구이며 실체가 있을 수 없는 설정입니다.

영의 논리로 들어가 보겠습니다.

0 곱하기 0 = 0
0 나누기 0 = 0
0 더하기 0 = 0
0 빼　기 0 = 0

어떤 수식을 사용해도 0 이라는 답이 도출 됩니다. 0의 개념은 모든 것의 시작과 끝입니다. 0은 모든 개념과 사물의 기준입니다.

예를 들자면 나무가 아닌 무엇에서 나무가 시작되는 그 순간이 0이고 나무로 존재하다가 더 이상 나무가 아닌 완전히 다른 무엇으로 시작하는 나무의 끝이고 다른 무언가의 시작이 0입니다. 인간이 아닌 무엇에서 인간의 시작이 0이고 사람이 죽음으로써 사람으로서의 끝이 0이고 다른 무언가로의 변화하는 그 순간이 0입니다. 시공간이 처음 열리는 그 순간이 0이고 시공간이 끝나고 전혀 생각할 수 없는 완전히 다른 무언가가 그 시작의 순간이 0입니다. 학문이라 할 수 없는 그 무엇에서 학문이라 인정할 수 있는 그 시작이 0이고 학문이 완성되어 더 이상 인간의 학문이 아닌 다른 차원이 시작되는 그 기준이 되는 점이 0입니다.

생각이라는 3차원의 시작이 0이고 생각의 끝 더 이상 인간의 생각으로는 불가능한 그 지점이 0이고 4차원의 시작점이 0입니다. 0은 다 같이 0으로 표현되고 나타나지만 모든 0은 각각 차원이 다른 0입니다.

인간 존엄은 그가 장애인으로 바보로 천재등으로 자신의 의지와 노력과 무관하게 운명적으로 존재할 땐 인간으로서의 존엄과 가치는 똑같이 지고 무상합니다. 하지만 자신의 자유의지와 자신의 선택으로 기능할 땐 자기 자신이 그 결과에 책임을 져야 합니다.

인간의 모습으로 있으나 인간이라 할 수 없는 나쁜 짓 악행을 저지른다면 그의 인간으로서의 존엄성은 줄어들다가 결국 인간이라 할 수 없는 다른 무언가로 변하는 0으로 갈 수밖에 없고 그의 선행이 인간이 할 수 없는 경지로 올라가면 인간이 아닌 신의 경지인 0으로 올라 갑니다.

그러면 결국에는 인간이하의 짐승 혹은 더 비천한 무엇이 될 것이고, 신의 생각과 행동으로 승화가 이루어 진다면 결국 신의 권능을 얻을 겁니다. 악마의 유혹을 이기지 못한다면 결국 지옥으로, 그 지옥에 있을 가치조차 없다면 지렁이로 변할 겁니다. 천사의 인도대로 한다면 결국 천국에 갈 것이요 그 중에서 거의 완벽에 이른 자는 신이 될 겁니다.

이 자연은 모든 것을 0으로 만들어 냅니다. 어떤 인간에게 행운을 많이 주어 명문가, 재벌가, 천재, 건강을 선물하였다면 다음 생에는 가난과 바보 등 결국 가감하면 0이 되도록 조건을 만들어 줄 겁니다.

그 운명을 극복하고 개척하고 겸손과 관용을 베푸는 것은 인간의 자유의지이고 이에 관해서는 인간 스스로 판단하고 책임져야 합니다.

결국 무한대의 논리는 허구이며 0이 되어야 옳을 것 같습니다.

0의 논리 전개 1

 밤 하늘에 빛나는 별 너무나 아름답고 신비합니다. 하지만 사라지는 별이 있는가 하면 새롭게 모습을 드러내는 보석도 있습니다. 그렇게도 신비하게 빛나는 별 왜 죽을까요? 밸런스를 유지하지 못하고 균형이 무너져 결국 0을 유지하지 못해서 병들고 생명이 다한 겁니다.
 새로운 생명의 탄생 아기별의 모습을 보면 세상 모든 이가 자연의 신비로움에 감탄할 겁니다.
 이건 큰 우주의 눈으로 바라보면 신진대사이고 0을 만들기 위한 자연의 필연적인 운동입니다. 0을 유지하지 못하면 즉 균형을 잃어버리면 모든 것은 파괴되고 무너지기 때문이죠. 우주에서 가장 아름다운 지구가 그 모습과는 아주 다르게 심술을 부리고 경고로 최근 튀르키에 시리아 등에 엄청난 재앙을 안겼습니다.

이 모든 자연현상도 0을 만들기 위한 지구의 눈물겨운 노력과 생리의 결과입니다. 지구도 생명체이고 신진대사를 하여 끊임없이 0을 만들고 유지하기 위해 고군분투하며 힘겨워하면서 그 생명을 이어가며 자신의 할 일을 다하고 있는 겁니다.

우리 인간도 우주안에 존재하는 모든 만물이 다 0의 법칙의 지배하에 놓여 있습니다. 사회현상 또한 0의 원리가 지배합니다.

0의 법칙은 밸런스를 유지하는 것이고 그 허용한도를 초과하면 다른 차원으로 올라가거나 또 다른 차원으로 달려가 현재 지금의 상태는 무너지고 맙니다. 차원이 달라지면 더 이상 그 무엇이 아니고 전혀 다른 무엇입니다.

선이 1이면 악도 1만큼 존재하고 −1이면 +1만큼 존재하여 가감하면 0으로 균형을 이룹니다.

이 대자연이 어떤 기준으로 0을 산정하는 지는 모르겠지만 인간에게는 양심이 그 기준이 될 것 같습니다.

어찌됐던 이 우주는 지구는 대자연은 끊임없이 0을 만들어 내고 그 법칙은 진리와 같으며 세상 만물에 온 누리에 펼칩니다. 대자연의 법칙 0의 법칙이 현시점 지금 이 순간에 적용되는 사회는 천국이고, 그렇지 못한 세상은 지옥에 가깝습니다.

자신이 노력한 만큼 대가가 있고 고통 받음 만큼 기쁨이 있는 세상, 잠 잘시간에 숙면이 보장되는 세상이 곧 천국이고 아무리 노력해도 아무리 수고해도 허빵인 세상은 지옥입니다.

아무리 억울한 일 당해도 하소연 할 곳 없는, 어느 누구도 해결해 주지 않고 무관심한 사회는 지옥입니다.

누가 천국에 살고 어느 누가 지옥에 거주합니까?

이 모든 것이 0의 법칙의 결과입니다.

우리 인간은 완전히 선한 행동을 한 적이 없기에 고민과 함께하며 약간의 손해보는 일 억울함을 겪어보지 않은 사람은 없을 겁니다. 그 정도에 따라 보상과 고통을 적절히 안배하여 0으로 향하는 겁니다. 엄청난 행운과 참혹한 현실 자신의 의지와 노력과 관계없이 주어진 운명도 긴 세월 시간으로 계산하면 0을 만들어 내기 위한 자연의 활동입니다.

어느 누구도 예외가 있을 수 없습니다.

자연도 우주도 지구도 0을 유지하지 못하면 병들고 사라지기 때문이겠죠. 이 우주안에 존재하는 한 죽음의 세계도 0의 법칙이 적용되리라 믿습니다.

이 대자연의 법칙 0의 법칙이 적용 되어야만 공정하고 평등하며 더군다나 자연은 양심이고 순수물질이 근본이기 때문에 조금이라도 편견 선입견 사적인 감정이 침투하면 더 이상 순수성을 잃어버리는 것이고 병들기 때문에 어떤 수를 쓰던 어떤 방법을 강구하던 아무리 시간이 소모된다 할 지라도 0을 만들어 냅니다.

  극악한 사탄과 악마같이 그 죄악이 너무나 크고 깊어 하늘을 가리고 땅을 덮을 만큼 인간 세상에 해악을 끼친 자는 어떠한 고통과 희생을 치루어도 죗값을 갚을 길 없는 자는 0의 법칙에 의해 더 이상 인간 세상에 돌아오지 못하고 다른 차원의 세상에서 살 수밖에 없습니다.

0의 논리 전개 2

우리 인간은 끊임없이 노력하고 연구하여 호기심과 궁금증에 대한 열망이 지식을 낳았고 인류에게 크고도 깊은 자부심과 자존감을 선물하였으며 인간 개개인의 존엄성을 창조하였다.

우리 모두는 이성적 사고와 행동으로 발전을 거듭함과 동시에 감성이라는 인간적인 모습과 한계를 함께 추구하고 있다. 우리는 때론 현명하게 사고하고 행동하지만 경우에 따라서는 사고가 멈추어 버리는 불행을 허다히 경험하였다.

진리라고 여겼던 일도, 정의이며 옳다고 굳게 믿었던 신념들도 먼 거리에서 바라보면 안개 속에서 헤매었고 길을 잃었던 수

많은 경험들이 우리들을 헷갈리게 하고 혼란케 합니다.

종교 갈등, 양차대전, 아메리카 인디언들의 비극, 제국주의 식민지 쟁탈전과 그 원주민들에 대한 잔혹한 탄압, 아편 전쟁과 아프리카 원주민들의 노예화등 사례들을 열거하자면 아무리 두꺼운 책이라도 다 못 담을 정도입니다.

핵무기를 개발하고 보유하는 일은 평화를 담보하고 국가의 안녕을 보장한다는 터무니 없는 논리를 내세웁니다.(무한대의 논리) 이는 평화의 무기가 아니라 파멸의 매개체이며 인간이 가져서는 안 되는 악마조차도 두려워 하는 일의 서막입니다.

핵무기라는 이 가공할 만한 악마의 무기는 인간에 대한 위협으로 끝나는 게 아니라 살아 있는 모든 생명체 심지어는 지구 그 자체까지도 파멸시킬 수도 있는, 어떤 악마도 사탄도 원치 않은 결과를 예고하는 지도 모를 일이다.

적의 침입에 국가를 수호하고 인류의 평화를 지키는 일은 매우 중요하고 중차대한 일임은 어느 누구도 부인하지 않으며 우리가 생명바쳐 지켜야 할 매우 가치있는 일 일겁니다.

하지만 핵무기의 보유와 사용은 모두의 파멸을 위한 것이고 심지어 위대한 생명체 우리 모두의 어머니인 지구가 더 이상 밸런스를 유지하기 어렵게 만들고 균형을 잃어 〈0〉을 생성해 내지 못한다면 지구 자체가 사라질지도 모릅니다. 핵구기의 보유 자체를 인간인 이상 막아야 합니다.

강대국이든 약소국 가릴 것 없이, 인류에게만 파멸을 선사한다면 인간 스스로의 자업자득으로 치부할 수 있겠으나, 위대한 지구의 생명도 위협하고 있으니, 이는 끝없는 무한대의 욕심이며 가장 어리석은 짓입니다.

어느 누구의 책임으로 잘못으로 돌릴 수 없으며, 어느 특정 집단 어느 위대한 이들도 해내기 어려운 지난한 일이지만 우리 세계시민들이 나서면 지구상에서 핵무기를 추방할 수 있을 겁니다.

지구과학이란 이름으로 행해진 이 위대한 생명체에 대한 연구도 이젠 그만 하였으면 합니다.

지금까지의 연구 성과만 하더라도 충분하며 더 이상 우리 모두의 어머니를 괴롭히면, 그 한계없는 스트레스를 가한다면 더 이상 과학이 아닌 악마의 심술입니다.

자유롭게 평화롭게 어머니 당신의 뜻대로 하시길 도와 주어야 하며 인간의 호기심 아닌 끝없는 욕심으로 지구를 조종하고 지배하고자 하는 이는 더 이상 인간이 아닌 악마의 심보입니다.

우리 인간이 노력한 만큼 이 위대한 어머니는 보상해 줄 겁니다. 양심이신 이 지구는 어찌하던 〈0〉을 만들어 인간의 노력에 보답할 것이며 모성애로서 우리들을 보살필 겁니다. 하지만 어머니도 살아야 하니 자연현상을 받아들이고 어머니 또한 재앙을 줄이려고 최선을 다할 겁니다.

0의 논리 전개 3

 우리 인간은 정치적 동물이라는 아리스토텔레스의 정의를 떠나 우리 일상의 삶이 관계속의 삶이고 인간 대 인간의 만남도 있지만 자연과 인간의 대면은 늘상 존재하는 자연 속의 인간이다. 이는 평등의 관계가 아니고 포함의 관계이고 일부분의 존재이다.
 자연의 법칙 우주의 법칙은 곧 정의이며 질서이고 이 우주에 존재하는 만물은 당위규범으로 여겨야 하는 절대명령이고 절대진리로 삶을 영위해야 한다.
 인생의 최종 목적지는 행복이라지만 끝없이 수단 방법 불문하고 행복하기만 하면 된다는 사고는 무한대의 논리이며 허구이다.

　행복의 추구에도 그 한계가 있으니 인간 존엄성을 훼손하거나 자연의 질서를 파괴하는 행복의 추구는 더 이상 권리가 아니며 인간인 이상 어느 누구도 범해서는 안 되는 금기사항이다.

　예술은 미적가치를 추구하는 창조활동이다. 하지만 예술을 위한 예술은 더 이상 창조활동이 아니라 파괴의 본능이다. TV 뉴스에서 연인에게 독약을 먹이고 그 죽어가며 고통스런 끔찍한 장면을 카메라에 담아 입상했다는 어느 사진작가의 슬픈 이야기는 예술이란 이름으로 포장된 잔악한 범죄행위이며 입상으로 평가한 심사위원들도 진실을 눈치챘거나 알았다면 장물아비처럼 처벌의 대상이 되어야 마땅하다.

　인간의 존엄을 훼손하는 그 어떤 것도 예술일 순 없으며 이는 악마의 손아귀에 갇힌 단지 어리석은 자의 파괴활동이며 예술을 위장한 반 인륜적 악마의 속삭임에 빠져든 영혼이다.

　우리 곁에는 언제나 엇길로 유혹하는 무수히 많은 무엇이 기다리고 있으며 우리의 마음 속에도 악의 씨앗은 늘 발아하기 위해 기회만 엿보고 있다.

　우리 평범한 백성들은 예술이 무엇을 창조하고 의미하는지는 잘 모르지만 단박에 그것이 범죄행위이며 예술의 이름으로 포장해서는 안 된다는 건 위대한 예술가나 예술을 연구하는 학자보다도 오히려 더 잘 안다.

예술뿐 아니라 학문적 연구에서도 인간에 대한 실험연구는 당사자의 동의 없이는 불가하고 동의 하더라도 인간 존엄성을 심히 침해할 경우에는 금해야 한다. 황금으로 유혹하여 인간 존엄성을 훼손하는 건 비 윤리적이며 순수 자발적인 인간애에 의한 봉사와 헌신일 때만 정당한 가치가 주어진다.

동성애자들의 행복추구권을 논하기에는 많이 망설여 진다. 지금 현재 이 분들에게는 아무 잘못이 없기 때문이고 사랑이란 막을 수도 피하기도 어려운 굉장히 강한 침입자이기 때문이다.

하지만 자연의 질서는 이를 허용하지 않으며 남자와 여자를 신이 창조한 이유는 남녀의 사랑을 얘기한 것이며 동성끼리의 사랑은 거부한 터였기 때문이다.

자연의 모든 생물은 사랑의 행위가 종족번식의 행위이며 단지 성적욕망을 위해 동성끼리의 사랑은 얘기하지 않는다.

프랑스의 유명한 철학자 미셸 푸코는 자살을 몇 번 시도했으나 성공하지 못하고 끝내 동성애자로 에이즈로 사망했다 한다.

신이 이 힘든 고난을 준 건 극복하라는 것이며 그럴 때만이 〈0〉의 논리에 의해 자신이 알지도 못하는 죗값을 치르는 것이며 또한 그만한 보상을 주기 위함이다.

정녕 동성을 사랑 하겠다면 억지로 가스라이팅 하거나 친절을 위장한 몸 터치 추행은 삼가 하는 게 거부감을 줄이는 한 방편이 될 겁니다. 동성이란 이유로 전혀 예상하거나 상상하지 못하는 이에게 혼자서 회심의 미소를 지으면 곤란합니다.

　몽골 제국의 율법에는 사형 이었다 합니다. 제국을 지탱하고 군의 기강을 세우기 위해서 랍니다. 지금 우리 군에서도 문제가 되는 듯 합니다. 아무리 성 소수자끼리 합의에 의한 성행위라도 군 영내에서는 삼가야 합니다. 군 지휘관 조차도 영내에선 사랑을 나누지 않는 걸로 압니다.

　고대 그리스시대엔 동성애가 유행했다하나 이걸 근절시키기 위해 중세엔 화형에 처해졌다 합니다. 이성애자와 똑같이 추행에 대해서 처벌받고 성 범죄라고 스스로 인식하고 자중한다면 사회의 비난과 선입견은 많이 줄어들 겁니다.

무염치의 일본

한국과 일본의 관계는 참으로 기묘하다. 가깝고도 먼 나라. 문화적, 경제적으로는 매우 밀접하고 친밀하고, 과거사 문제는 그 해법이 쉽지 않은 대립과 갈등이 첨예하게 맞서는 난제의 관계다.

정치적 이해와 국익 그리고 자기 잘못을 인정하지 않는 불통과 아집 지성이 사라진 일방통행적 주장만 있을 뿐이다. 일본 역사 교과서 문제, 강제징용, 위안부 문제 등이 해결의 기미는 보이지 않고 양국 국민들의 자존심만 건드린다.

일본 제국주의 국권침탈과 그 후유증이 얼마나 깊고 큰 상처를 남겼는지, 아직도 상처가 아물지 않고, 진물과 고름이 질질

흐르고 있음을, 다시 한번 더 확인할 필요가 있다.

국토의 허리가 잘리고, 동족상잔의 비극을 겪었으며, 현재 지금 이시각까지 동족이 서로 칼을 겨누고 있는 그 원인과 책임의 소재에 제국주의 일본의 역할이 전적으로 작용했다고는 주장하긴 어려우나 상당 부분 그에 기인한 건 또한 사실이다.

일본이 그 일정한 책임 부분에 대해서 회피하거나 외면하기에 반일감정은 치유되지 않으며, 반일 종족주의가 아니라 인간인 이상 그 깊은 상처를 볼 때마다, 왜 그 상처를 입었는지 상기하지 않을 수 없고, 그 고통을 느낄 때마다 절로 원망섞인 한숨이 나올 수밖에 없다.

우리 대한민국이 왜 이런 고통을 겪어야 하며, 지금도 자유와 조국을 수호하기 위해 수많은 젊은 이들이 동족을 향해 총구를 겨누고 있다.

이 비극에 불운에 일본은 왜 침묵하고 모른채하며 한일 청구권 협정만 내세우며 자국의 판단에만 의존하는가?

일본의 대다수 지성인들은 그들이 저지른 참담한 결과를 인정하고 용서를 비는 마음 가득할 거라 믿는다.

단지 큰 소리 내는 자, 정치인들만이 염치없이 이 불행을 외면하고 되레 빚을 다 갚았다고 생각하는 것 같다. 염치있고 양심있는 자는 피해자가 무슨 요구 어떤 주장을 해도 용서빌며 위로하며 그 상처가 아물기를 기도하고 최선을 다해 치유하고 회복하길 도우는 데 힘을 다하는게 인지상정이다.

인간의 생명보다 귀중한 건 없으며 동족끼리 총 겨누는 민족보다 불행한 이는 없다.

일본 정부는 그들이 범한 죄에 대해 한번도 진심으로 사죄한 적 없다. 말로만 입으로만 하고 행동으로 실천하지 않은 건 사죄한 것이 아니다.

오히려 아주 가치 중립적이고 감정없고 외부의 여타 다른 영향받지 않는 이성적으로만 판단하는 AI가 재판관이 되어 판결한다면 어떤 결과가 나올까?

의리

 친구 간, 선후배 간, 가족 간, 부부 간, 국가 간, 등 인간 생활 전반에 걸쳐 필요한 가장 큰 덕목 중 하나가 의리이다. 이 모든 의리 중 가장 기본적이며 근본적인 우리 모두의 책무인 의리는 국가에 대한 의리와 인류 전체에 대한 의리이다.

 조국이 위험에 처하면 국민이면 누구든 분연히 총잡고 일어서야 하며 특히 이 땅의 혜택을 많이 받은 가진 자 배운 자들은 누구보다 먼저 솔선 수범하며 앞장서지 않으면 배신자가 된다. 부작위에 의한 배신이다.

 어떤 집단이든 국가든 인류를 위협하면 어떤 인간이든 누구든 간에 우리 모두는 인류를 지키는 일에 몰입해야 하며 그 어떤 가치보다 우선시 되어야만 한다.

친구이기 전에 형제이기 전에 부모 자식간이기 전에 그는 인간이며 인간의 권리와 의무를 행하지 않으면 그는 인류 전체의 배반자이다.

어떤 개인이나 집단 국가가 인간 이하의 행동이나 사고를 실행한다면 우리 인류는 마땅히 그를 비난하고 대응하며 인간의 권리와 의무를 수호해야 하며 평화를 지키고 인류의 번영과 생존을 위해 모든 걸 쏟아부어야 한다. 심지어 생명까지도. 우리는 인간이기 때문이다.

핵 무기의 보유와 사용은 인류의 생존에 가장 큰 위협이며 이 지구와 자연에도 크나큰 암 덩어리가 아닐 수 없다.

최근의 핵 실험, 핵 사용 위협, 핵 잠수함 등의 출몰은 화약 곁의 불이며, 불 구덩이를 향해 달려가는 기름이며, 섶을 지고 불 속으로 뛰어 들어가는 형국이다.

지구상의 어떤 국가도 핵무기를 가질 수 있는 권리는 없으며 인류에게 핵 무기를 사용할 권리는 신에게도 존재하지 않는다. 창조의 자기 부정이기 때문이다. 지구인 누구나 핵을 추방하고 비 핵화를 외칠 권리를 부여받고 있다.

지금 이 순간에도 전쟁 중이며 핵 사용의 잠재적 위험은 늘 존재하고 있다. 만약 어느 국가나 정치세력이 핵 사용을 결정한다고 하더라도 인간인 이상은 그 결정을 거부해야 하며 전 인류에 이를 폭로하고 방어해내어 인류와 지구를 지켜야 한다.

핵 무기의 보유는 보험이 될 수 없으며 부메랑이 되어 돌아오는 잔혹한 악마의 살상무기일 뿐이다.

핵에 의한 안전의 보장, 힘의 우위에 의한 평화를 외친다면 "우선 먹기 곶감이 달다" 라는 속담처럼 매우 그럴 듯 하나 아주 작은 미봉책이며 장래에 치유 불능의 암 덩어리가 되어 인류 전체를 파멸의 구덩이로 몰아갈 뿐이다.

인간은 이성적 존재이기는 하나 또한 어리석고 기분의 지배를 받는 감성적 존재이기도 하다. 종교전쟁, 유태인 학살, 양차 대전, 아편 전쟁 등 또한 현재 지금도 전쟁 중이고 편 가르기는 여전히 진행형이고 인간 이성의 마비와 집단 중독 등의 사태가 언제 우리를 덮칠지 아무도 예단할 수 없다.

지구상에서 핵 무기를 추방하는 건 인류에게 주어진 가장 시급한 의무 중 하나이며 반드시 사라져야 할 무기이며 핵 사용을 결정하고 실행하는 이가 있다면 그는 영원한 인류의 배반자이며 역적인 동시에 세상을 창조한 창조주에 대한 도전이다.

어느 누구도 어떤 집단도 인간을 대량 살상할 권한을 하늘로부터 부여받지 못했으며, 이 위험 천만한 무기를 보유 사용할 권리는 세상 어디에도 자연에도 없다. 단지 이성을 상실한 인간만이 꿈꾸는 것이다.

핵 무기를 없애는 게 당면의 시급한 과제이며 이 재앙에서 인류를 구하는 일이야 말로 진짜 의리를 지키는 일이고 삶의 보람이고 자손에게 물려줄 크나큰 선물인 것이다.

　이 지구상에 영원한 평화를 위하여 안전을 위하여 축복을 위하여 공존을 위하여 머리를 맞대고 모든 편견 아집 이익을 떨쳐내고 오직 인류와 자연을 위해서만 걸어가야 할 것이다.

지금 현재의 학문과 미래의 세계

인류가 존재한 이후 현재까지 즉 북극점에서 시작한 학문은 계속 분화와 전문화를 추구하며, 사방팔방으로 각자의 길로 내달아 점점 더 독자적인 영역을 확보하고자 끊임없는 노력을 경주하였고, 또한 거기에서 독립하여 새로운 분야로 나아감을 미덕으로 삼아 연대와 통합보다는, 오히려 그들의 고유성을 중시하는 전문성과 독자성이 자부심과 긍지로 여겨왔다.

이젠 쪼개질대로 나누어져 거의 모든 분야가 지구의 중간인 적도 부근까지 다달았거나 이미 조금 넘어선 것이 지금 현재 우리학문의 좌표이다.

여태까지 달려온 학문 기술 과학의 진보와 진화는 이미 인간의 한계점에 이르렀으며 그동안 인간세상은 발전 정체 퇴보를 거듭하였으나 먼 곳에서 바라보면 그래도 나침반을 제대로 바라보고 항해를 계속하여 적도 부근까지 도달하여 이젠 목표점인 남극을 향해 힘차고 빠르게 그 극점에 이르게 될 것이다.

북극점에서 시작하여 적도까지 걸린시간 엄청길고 그 길이 순탄치만은 않은, 철로나 고속도로가 아닌 비포장 자갈길 비탈길 진흙탕길 강과 산이 가로막는 험난하고 고된길을 운전해 왔으나 이젠 AI라는 새로운 조력자를 둠으로서 우리의 예상을 훨씬 넘어서 아주 빠르게 남극점에 도달할 수 있을 것이다.

여태까지의 학문은 '시대정신' 이라는 시간과 장소에 따라 진리가 따로 정해진 일 부분적인 학문이었으나 통합되고 융합되어 남극의 극점에 모인 즉 한 곳에 모인 이 학문은 시공간을 넘어서는 영원한 세월 인간이 거주하는 곳이면 어디서나 타당한 영원한 시대정신이 될 진리의 탄생이 될 것이다.

최적화된 학문은 교육의 효과를 극대화 시켜 (누구나 그 가치를 인정하므로) 우리가 따라잡기 힘든 지금까지 '성인 군자'로 일컬어지는 분들의 언행이 평범한 이들도 자연스럽게 행해지는 세상이요, 사회지탄의 대상이된 현 시대의 낙오자, 잉여인간들도 현재 우리 보통사람의 수준으로 올라서는 세상이 기다린다.

이 세계에서는 악마는 모습을 드러내지 못하고 숨어 살아야 하지만 악마의 존재 자체는 없어질 순 없다. 악마도 그 나름의 존재가치가 있을 수 있으며 또한 균형을 유지하기 위함일 수도 있다. 물론 인간의 마음속엔 절반은 천사요 나머지 반은 악마의 영토이기 때문이기도 하다.

교육의 기능과 효과도 분명 한계가 있을 수밖에 없다.

돈이 모든 가치의 근본인 '자본주의'는 멀어지고 인간이 중심 인간의 가치가 모든 것의 근본으로 무장한 우리의 친구들이 반격을 개시하여 결국 승리의 팡파레를 울릴 것이다.

이 세로운 세상엔 '양심' 만이 중심이고 잔꾀 잔머리로 살아가는 자는 주변인의 삶을 살 수밖에 없다. 제 딴에는 똑똑하다 수재라고 우쭐대는 자가 가장 어리석은 삶을 영위할 것이다.

가장 기본적이고 토대인 '양심' 만이 근본이고 그 외엔 부수적이고 인간의 삶에 멋을 더하는 양념같은 존재일 뿐이다.

이 관계가 전도될 순 없다. 양심의 무게는 엄청나서 그 무엇으로도 뒤집을 순 없기 때문이다.

모든 것이 개인화 되고 자신만을 소중히 여기고 타인에 대한 배려보다는 적의와 미움 날개화 되고 공동체를 개인의 삶에 침략자로 간주하는 현 시점에서 가족과 공동체의 가치를 자신의 가치만큼이나 소중히 다루는 삶, 즉 가정에는 화합 사회의 친목 노사의 협력 국민의 통합 인간이라는 동질감이 자연스레 이루어져 우리가 그리도 염원하던 지상낙원 '파라다이스'가 우리의 내일을 기다리고 있다.

3부

일본 원전 오염수 방류 계획

 정치권도 언론도 국민들도 바쁘다. 묵인할 것이냐, 반대해야 하나 의견이 갈린다.
 묵인을 주장하는 분들은 IAEA의 오염수 문제없음 발표와 현재의 과학으로서는 합당한 것이고 무엇보다도 국익에 보탬이 된다는 주장이다.
 반대를 외치는 분들은 아직 과학적으로 완전한 검증은 안 된 상태이며 불확실성이 존재하며 만의 하나의 경우를 상정하지 않을 수 없다는 것이다.
 의견은 팽팽히 맞선다. 일본 국내에서도 마찬가지인 것 같다. 천동설도 고대인에게는 과학적이고 상식이었다.

현재의 과학이라는 것이 미래세대의 경우에는 아닐 수도 있다. 이런 중차대한 문제는 신중에 신중을 기하여야 하며 우리 인간이 할 수 있는 노력은 남김없이 쏟아부어야 하며, 미래를 대비하고, 후손들에게 안전한 지구를 물려 주어야 한다.

기왕에 바다에 흘러들어간 오염수는 어쩔 수 없는 일이고, 남아있는 오염수 만이라도 잘 처리해야 한다. 한번 방류된 오염수는 그 자체로 끝이고, 다시 회수하거나 정화 할 수 있는 방법은 극히 제한적이다.

우리 지구는 아무 대책없이 핵 물질을 보유하고 있지 않다. 반드시 정화하고 분해할 수 있는 물질이나 방법을 숨겨두고 있다. 신이라면 이 문제를 깔끔이 해결할 수 있겠다. 또한 우리에게는 AI라는 강력한 친구가 생겼다.

신의 형상대로 인간을 창조하였고, 인간의 두뇌단큼 AI를 만들었다.

즉 신과 비슷한 수준이 가능하도록 인간이 창조되었고, 인간 능력과 거의 같은 수준으로 AI가만들어 졌다. 신의 도움이 있다면 오염수 문제가 빠른 시일 내 해결방법이 나오겠지만 신의 도움이 없더라도 인간과 AI가 협업하면 10년 혹은 20년 안에 그 해결책이 나오리라 확신한다. 그때까지 기다려 보는 게 옳다고 생각한다.

혹여 한번 실수하면 그 재앙은 무엇으로도 만회하고 벌충하기 매우 곤란하다.

그러므로 이런 중대한 환경문제는 국익 보다는 오히려 전 지구적으로 전 인류적으로 접근하는 것이 바른 길이다. 이것이 국격을 높이고 인류 공동의 번영에 초석이 되리라. 또한 일본 혼자서 해결하라고 윽박질러서도 안 된다. 국제사회는 다같이 고민하고 노력하고 연구하고 지원도 아끼지 말아야 한다.

핵 발전소를 보유하고 있는 나라들, 앞으로 핵을 사용하고자 하는 국가들 모두 언제 어디서 어떻게 이런 저런 재앙이 덮칠지 모른다. 전 인류의 지혜를 모아야 한다. 그리고 현명하게 대처해야 한다.

아주 유명한 글귀 한 조각 소개하고자 한다.

"눈에 보이지 않는다고 없는 것이 아니고 증명하지 못한다고 진리가 아닌 것이 아니다."

서초 서이 초등교사 사망사건과 교권확립을 위한 노력

 나무나 안타깝고 슬픈 소식이다. 이번 사건만이 아니라 우리 선생님들이 겪고 있는 고통이 너무 커 보이고 자부심과 자존감은 상처투성이고 선생이라는 신분에 회의가 가득 넘칠 걸로 보인다.
 교육은 우리의 미래를 담보하며 지식만 주입하는 곳이 아닌 전인적 인격을 수양하고 다듬고 사회구성원으로서의 책임과 의무를 배우는 곳이고 교사는 직접 같이 생활하면서 바르게 인도할 책임이 있다. 누가 뭐래도 미래를 위해 스승이라는 자긍심을 가질 수 있도록 제도적 장치가 마련되어야 한다.

특히 학부모 학생이 '갑'이 되어서는 안 된다. 모든 사안은 선생님이 구심점이 되고 선생님을 중심으로 돌아가야 한다. 횡단보도에서 만난 어느 교장 선생님, 학생 누구도 인사할 줄 모른다며 하루라도 빨리 은퇴 하시겠다는 말씀을 하신다. 교육이란 학문과 예의를 익히며 배우는 신성한 공간과 시간인데 지금 현재 가정에서든 학교에서든 예의라는 단어가 고사 상태에 이르러 사회에서까지 예의는 거추장스런 존재이며 자신들이 갑질 혹은 큰소리 내는데 방해꾼으로 여기는 이들이 자꾸만 늘어가며 오로지 힘의 세상 밀림의 법칙을 따르고자 한다.

선생님들의 고통이 자신들의 역할이 매우 위태롭다. 긍지를 잃은지 오래다.

글쓴이의 장인 어른도 선생님이신데 당신의 할 일은 나쁜 학생들을 찾아내어 혼내고 훈육시키는 것이라며 건강한 사회인이 되도록 인도하는 교사의 직업에 큰 의미와 천직으로서의 사명을 다 하신다고 말씀하셨다.

고리타분하다 할지 모르겠으나 스승에 대한 예의는 깡패 부랑아들도 지키며 사회에 나와 어깨로 행세하는 어떤 사회 선배는 우연히 스승을 만나 그 자리에서 큰 절을 못 올린 게 마음에 걸린다고 토로하곤 했다.

필자가 학교 다닐때만 해도 스승에 대한 예의는 사회인이 되어서도 고마움을 표하며 학부모 역시 부모 말씀보다 선생님 말씀에 따르라고 가정에서부터 교육을 받았으며 그렇게 존중받는 선생님이 우리 전래의 스승이고 제자의 관계다. 나를 낳아준 분은 부모지만 인간으로서의 도리를 다하게 해주시는 분은 선생이다.

우리에게는 이처럼 거룩한 발판과 기반이 있으며 무엇보다 교육이 가장 중요하고 거룩한 일이라는데 의심을 가져서는 안 된다.

어느 누구이든 교권을 더 흔들어 대면 안 된다. 교권이 무너지면 우리의 미래는 깜깜한 터널 속에서 탈출구를 찾기가 어렵다. 어제 TV뉴스에서 경찰에 선생님들이 고소, 고발된 경우가 엄청 많다 한다.

물론 일부는 선생님들의 잘못도 있겠지만 학생들을 지도하고 훈육하면서 본의 아니게 방향이 바뀔 수도 있다. 인간이라는 존재 자체가 감정의 지배를 받을 수 있기 때문이다.

감히 제안하건데 성범죄를 제외한 선생님들의 학생지도 감독 훈육과정에서 발생한 문제들은 교육당국의 고발이 있어야만 사법당국 수사기관에서 조사할 수 있도록 해야만 좀 더 적극적인 학생지도 훈육이 가능할 것이며 선생님들도 숨 쉴 공간 앉을 터는 마련되어 있어야만 될 것 같다.

은퇴 선생님들을 자문기구로 활용하여 그분들의 심의를 거쳐 고발 사건을 결정하면 어떨까?

직접 교육현장을 경험하고 그 노하우로 선생의 실수인지 고의인지 아니면 악성 민원인의 악의 인지 그 판단에 있어 어느 누구보다 정확하고 공정하게 처리할 수 있을 것 같다.

선생에 대한 마지막 자존심과 보루는 지켜주어야 할 게 아닌가? 서초초등학교 선생의 죽음은 자신을 희생하여 교권확립에 기폭제, 디딤돌을 놓고자 거룩한 정신으로 말뿐이 아닌 살신성인의 행동이다.

우리 모두 교권에 무심하고 큰소리치는 것만 배웠다.

♣ 댓글

OOO : 군사부 일체는 이젠 정말 옛말이다.
　　　군권도 사권도 부권도 모두 무너져 내린 현재이다.
　　　언제부터 어디서부터 어떻게 잘못된 것인지 누구도 명확한 대답을 할 수 없다.
　　　그저 갑론을박의 이야기만 떠돈다.
　　　오늘 낮에 무지개를 보면서 그저 멍때리고 있을 뿐.

민족주의와 국가주의

우리 학창시절만 하더라도 우리나라는 단일민족 국가이며, 백의민족, 배달의 겨레라고 자랑스레 배웠고 또한 자긍심을 불어 넣어 주었다.

결론부터 말하자면 국가주의자, 민족주의자 두 개념은 대동소이한 것이다. 아무리 크게 간극을 넓혀도 3/4이상은 동일하고 1/4이하의 차이만 있을 뿐이다. 정치적으로 이용만 하지 않는다면.

지금 현재 개방화 국제화의 물결은 민족이라는 개념을 상당히 뒤로 밀어내고, 다문화 가정도 상당히 많이 우리 일상에 자리잡아, 국가라는 개념이 상당히 강조되고 있긴하나, 여전히 우리 대한민국은 배달의 겨레임은 어느 누구나 인정하는 엄연한 사실이다.

일본제국주의 침략이 자행된 당시의 상황을 고려하면, 민족주의가 곧 국가주의였으며, 무엇보다 우리 민족의 독립이 최우선시되는, 조국의 독립을 위해서라면 이념도 종교도 초월하여, 오직 주권회복만이 우리의 관심사였으며, 모든 열정을 쏟아붓는 대상이었다.

어쩌면 그 당시엔 민족의 독립을 위해서라면, 악마와도 손잡고 어깨를 나란히 하며 적들에 맞서는 것이, 시대정신이며, 민족의 정신이며, 사명이었는지도 모를 일이다.

이런 시대 상황을 애써 무시하고, 지금의 시각과 생각만으로 독립군의 활동을 비판하고, 검증하고자 하는 것은, 역사적 사건을 정치에 이용하고자 하는 술수로 비칠 수 있다는 국민들의 염려 또한 당연하다.

역사적 사건과 사실들은 학자들에게 맡기고 정치는 오직 민족의 자긍심과 대한민국 국민이라는 자부심을 느낄 수 있도록, 국민들의 단결과 평화 안정 번영에만 초점을 맞추는 통합의 길로 나가야 한다.

우리 국민 대다수는 민족주의자이면서 국가주의자이라는 사실을 부인하지 말며, 가능하다면 국가주의자 민족주의자의 다른 점은 잠시 묻어두고 같은 점 동질성만 강조하며 인류의 평화 국가의 번영 민족의 자존감을 세우는 방향으로 논의하고 머리를 맞대야 한다.

이념에 따라 정권에 따라 역사적 의인들이 영웅이 되었다가 죄인이 된다면 모든 것은 운수에 달려있는 것이다.

재수가 그분들을 영웅으로 빨갱이로 변신하는 현실은 참혹하기만 하다.

바람 불면 이리 흔들리고 저리 날아다니는 낙엽처럼 역사적 위인들을 대하는 건 어느 누구나 바람직하다 할 건 못 된다. 민족주의자와 국가주의들 사이에 간극이 있는 인물들을 평할 땐 정치이념이나, 신조, 진보, 보수, 가리지 말고 인간적인 측면, 인격적인 면모, 그의 미덕에 큰 방점을 찍어 인간으로서 훌륭하다면 그의 이념이나 사상 불문하고 존경해야 하고, 존경받을 가치 또한 충분하다.

홍범도 장군도 백선엽 장군도 이런 접근 방법이 필요할 것 같다.

개인간이든, 집단간이든, 자기는 우뚝 서야만 하고 상대방은 깔아뭉개어 납작하게 만들려 시도하는 하는 건, 극단적 이기주의적 발상이며, 아직 성숙한 인격을 도야하지 못한, 미성숙인의 전형적인 사례라고 말하고 싶다.

창밖엔 어둠이 내리고, 졸고 있는 가로등만 희미한 빛을 뿌리고 있다.

♣ 댓글

000 : 빨간불과 파란불 사이엔 노란불이 있습니다. 우리의 시간이 청색일 때도 적색일 때도 있었지만 언제나 황색이 기준을 잡아 주었습니다.

그래야 질서가 바로 잡혀 사고가 일어나지 않습니다. 극단의 간격을 채우는 황색의 지혜를 가지기를, 좌우가 아닌 대칭의 축에 서기를

껍데기와 알맹이

 겉은 화려하나 속이 허하면 우리는 실망을 넘어 속았다 한다. 껍데기는 별 볼품없으나 속이 꽉 차고 내실이 충실하면 기대 이상의 사실에 내심 감탄한다.
 물론 겉이 아름답고 명예로우면 그에 걸맞은 내실과 충실함을 가진 경우가 많으나 인생사 겉만 보고 판단하고 지레 짐작하다간 크게 후회하고 잘못된 경우가 허다하다.
 필자는 64년 생으로 우리 연배의 많은 경우 형제자매가 보통 6~7명은 족히 되는 대식구로 성장했으며 지금 현재는 부모를 다 잃은 고아들이 되었거나 곧 그렇게 될 나이다. 너, 나 모두 고아가 되는 게 슬픈 일이지만 어찌 보면 부모의 그늘에서 벗으나 스스로의 힘으로 형제자매의 우애를 돈독히 하며 조상의 뜻을 받들 수 있는 기회이고 시간일 수 있다.

자칫하면 이 세상을 살아가는데 꼭 필요한 재물, 유산과 상속 등이 우리의 발목을 잡는다. 국법인 민법의 친상법의 규정을 넘어 각 가문이나 가정에는 가법이 존재하고 나름의 전통이 있다. 이건 관습법이나 그 가문의 판례와 같다.

대개의 경우 장남에게 책임과 의무를 많이 지우고 상속재산도 그에 맞게 할당한다. 양친이 안 계시고 고아들이 되면 장남이 아버지 노릇하며 장녀는 어머니 역할을 맡으며 어린 동생들을 돌보며 가족을 챙기고 결혼까지 책임진다.

하지만 자신의 의무와 책임은 소홀히 하면서 장남 장녀를 앞세워 유산을 많이 요구하는 경우가 왕왕 있고 형제간의 우애에 금이 가는 경우도 그리 드물지는 않다.

생물학적, 맏이로 먼저 세상구경을, 부모님을 먼저 뵈었다고 실제적인 장남 장녀라고는 할 수 없고 부모님을 모신 자, 조상님의 뜻을 받드는 자가 진짜 장남 장녀이며 속살이며 알맹이다.

제사를 모시는 집안에서는 조상을 모시는 자가 장손이고 알맹이지 겉만 장손인 자 형식적 장손, 그 역할을 다하지 않는 자는 장손으로 내세울 수 없는 것이 타당하다.

어떤 피치 못할 사정으로 장남 장손이 집안일에 소홀히 할 수도 있으며 밥벌이하기 힘든 요즘 세상 그들이 역할을 제대로 할 수 없더라도 비난해서는 안 된다.

하지만 자신들의 책임과 의무 그 역할을 다하지 못한다면 실제적인 알맹이에게 그 권리를 넘겨줘야 하며, 이게 가정과 집안의 평화와 번영과 우애를 돈독히 할 수 있는 길이다.

재주는 곰이 넘고 돈은 사람이 챙기는 경우는 매우 부조리하고 불합리하며 우리 이성에게 물어보고 양심에 온몸을 던져도 정의롭지 못하다.

조직의 경우에는 위치가 높고 서열이 앞서면 대외적으로는 그 빛을 비출 수는 있겠지만, 당면 과제를 해결하고 대책을 마련하는 자가 실제적인 리더이며 조직을 움직이는 자다.

대의명분을 내세우며 누군가를 비난하는 일이 과연 정의와 도의와 윤리를 위해서인가? 자신의 욕심과 야망을 위해서인지 자신의 가슴에 질문을 던져봐야 한다.

부모를 욕되게 하고 형제자매를 비난하는 건 행여 자신의 무능 책임회피, 그리고 타인을 낮춤으로써 자신을 돋보이려는 건 아닌지 자신의 심장으로 달려가 봐야 한다.

형제간의 갈등 대부분은 어느 누군가가 많이 가져가면 나머지는 적은 몫이 돌아오는 경우이기 때문에 우애에 금이 간다.

하지만 조상의 공덕을 빛나게 하고 조상의 숨은 깊은 뜻을 받드는 자가 진실로 알맹이를 가진 자이며 어떤 물질적 혜택을 적게 받았다 할지라도 자연이 하는 일은 잘못이 있을 수 없듯이, 조상이 후손에게 전하는 속 뜻은 어긋남이 없으며, 고귀하고 명예로우며 찬란하니 깊은 뜻 헤아리지 못 한 자신을 성찰해야 한다.

형제간의 우애만큼 부모님이 더 바라는 바 없고 조상의 행하심에 다 정당한 이유가 있으니 후손들은 조상을 찬양하심이 옳은 듯하다.

의대 정원 증원 계획과 의사들의 파업 예고

　코로나19와 같은 국가 재난 상황과 노인 인구 증가로 인한 의료 인력의 수급을 원활히 하고자 의사 수의 절대 규모를 확충하고자 정부는 의대 정원의 확대를 꾀하고자 하며 의사 단체들은 파업까지도 불사하겠다고 선언하고 있다.
　정부와 의사단체들의 합의와 접점을 찾기에는 많은 어려움에 부딪치고 있는 것 같다.
　의사들은 이 나라 최고의 지성인 집단이며 국민의 생명과 건강, 삶의 질을 향상시키는 최 첨병의 역할을 하며 긴 시간 노력과 열정을 가지고 인내해야만 하는 수련의 과정을 필요로 한다.

당연히 그들은 사회적 높은 지위와 높은 연봉을 받아야만 하는 직업이다. 민주주의는 자기 통치의 원리 즉 자기 스스로 법을 만들고 스스로 만든 법에 구속되는 원리 국민 주권의 원리이다.

하지만 헌법에 보장되어 있다고 진리는 아니며 헌법 또한 국민투표로 확정되나 국민들은 두루뭉술 어렴풋하게만 알뿐 세세히는 모르며 헌법의 정당성과 권위를 부여하기 위한 요식행위에 불과할 수 있다. 파업권이 헌법에 보장되어 있다 할지라도 구체적인 건 단행법에 규정되어 있다.

법에 규정되어 있다 한들 전 국민의 80% 이상이 찬성하거나 반대하면 적법, 불법의 유무를 가리지 말고 행정조치를 취할 수 있도록 해야 하며 정부 정책도 국민의 80% 이상의 반대를 무릅쓰고는 추진해서는 안 되며 검찰의 기소, 불기소 또한 제약받을 수 있도록 해야 한다.

법을 제정 개정할 때의 국민과 시간의 흐름에 따라 국민 구성원도 다소간 차이가 날 수밖에 없으며 상황이나 여건 조건의 변화와 예상치 못한 경우의 수를 고려하면, 국민 주권의 원리에 충실하자면, 국민 80%의 반대, 찬성은 이해관계인 특별한 사람의 경우를 제외하면 전 국민의 뜻이라고 간주해도 크게 어긋나지 않은 수치이다.

국민 80%의 찬성 반대에도 불구하고 사법부의 결정이나 판단에는 영향을 미쳐서는 안 된다.

여론의 조작 가능성, 인민재판의 가능성, 여타 다른 경우의 수를 전혀 배제할 순 없기 때문이다.

의사들의 파업이라는 무기는 적법 불법 가리지 않고 보유할 수는 있는 병기이나 사용해서는 안 되는 비밀 병기가 되어야 한다.

이 무기의 사용은 환자 본인, 보호자, 그 가족, 국민에게는 공포 그 자체이며, 한 번의 사용으로 환자의 생명, 건강을 크게 훼손할 수도 있고 회복 불능하게 만들 수도 있다.

이 무기의 사용 가능한 단 하나의 경우는 의사 자신의 이해관계가 아닌 국민의 생명과 안전이 크게 위협받는 경우처럼 절체절명의 순간뿐이다.

의사라는 존재는 환자들을 위하여 또는 환자를 예방하기 위해 있기 때문이다.

의사들은 파업만은 유보하겠다고 선언해 주십시오.

그리하여 지성은 그냥 앎이 아니라 이성+봉사와 희생이라는 논리를 확인해 주십시오.

의사 없는 세상은 상상할 수 없으며 의사들이 최고의 지성이라는데 전 국민들이 기대하고 있습니다. 타인에 대한 배려가 실종된 세상에 조금이나마 등불이 되게 공존 상생하는 빛을 비추어 주십시오.

양심

　예로부터 지금까지 지구촌 어느 곳을 불문하고 인구에 회자되는 '양심' 그것이 있느니 없느니, 우리 일상생활에서 흔히 쓰는 단어지만 양심의 개념을 정의하기는 정말 어렵다.
　어떤 이는 목에 칼이 들어와도 그의 악한 행위조차 '양심' 대로라고 목청 높이는 경우도 드물게는 볼 수 있으며, 법학 이론에서는 양심범은 처벌해서는 안 된다는 학설도 있다.
　'양심'은 가치 중립적이다. 그 자체로는 선, 악도 없고 옳고 그름도 없으며 좌우도 없으며 높고 낮음 고귀함 비천함도 없는 순수 그 자체다.
　양심은 근본적인 무엇이며, 불변하는 순수 물질이고, 이 우주

만물을 생성하게 한 지고의 에너지이며, 가장 고귀하고 아름다운 건강한 실체이며, 당신이 바르다고 생각한 무엇엔 구심력을 가지며, 인력을 발동하고 찰싹 달라붙으며, 정의롭지 못하다 생각한 무엇엔 척력이 작용하고, 원심력이 생기고, 멀리하는 에너지를 보유한 우리의 가장 위대한 자산이다. 우주의 모든 것(돌멩이, 나무, 흙, 사람, 모든 생물, 무생물, 존재하는 모든 것)은 친밀해 하는 것과 밀어내고자 하는 에너지를 갖고 있다.

그 근본 물질인 양심, 순수물질이 자성을 띠고 있기 때문이다. 당기는 힘, 밀어내는 힘, 친밀하고 싶은 에너지, 배척하고 미워하는 에너지, 뭉치는 힘, 분열되는 힘, 조화롭게 어울리는 무엇, 불협화음을 유발하는 무엇이 우리의 주위를 감싸고 늘 우리와 같이 있다.

양심에 불순물이 섞이는 정도에 따라 그것의 힘은 조금씩 약화되어 급기야는 불의, 부정의, 불공정이 힘을 더하게 되고 나중엔 우주보다 더 큰 욕심과 욕망의 창고가 활짝 열려, 아무리 채워도 채워지지 않은, 만족할 줄 모르는 상태에 이르고 만다.

이건 끊임없는 자신과 타인의 행동에 대한 질문과 성찰로써 불순물을 걸러내고, 정화하면, 순수 양심의 제자리로 돌려놓을 수 있다. 그러면 이론과 실천이 합일하는 3차원의 세상으로 나아가는 나침반이며 향도가 된다. 학문과 현실의 일치가 이루어지는 지점이다.

또한 양심 주위로 먼지, 이끼, 숯검댕이, 두꺼운 콘크리트 방벽으로 둘러쳐져 있으면 양심이 우리의 언행에 도달 하는데 시간이 걸린다. 이러니 양심을 반질반질 광택나게 깨끗이 닦고 주위에 티끌 하나 없이, 119 구급차가 다니는 길, 직통 핫라인, 실시간으로 우리의 언행에 연결되도록 준비해야만 한다. 그러면 인생에 큰 오점을 남기지 않고 아주 편안하게 하늘나라에 갈 수 있다.

양심은 아무리 두꺼운 철판으로 막아 놓아도, 심지어는 이 지구로 덮어 놓아도 뚫고 나온다. 약간의 시간이 소요될 뿐이다. 그 어떤 무엇으로도 양심을 막을 수 없으며 순금이 그렇듯 바른 길, 곧은 길 앞에선 더없이 여리고 온순하지만 악 앞에선 가장 강력하고 굳세며, 아름답고 고상한 이 우주의 가장 본질적인 순수물질이다.

사람 개개인마다 양심의 순도는 다르며 잣대도 각각이라 하지만 인간은 순도 100%의 양심 24K 그 자체를 보유할 수도 있다. 경우에 따라서는 순수 양심보다 조금은 흐려진 양심이 사회생활에서의 성공, 국가적 이익, 인류 전체에 대한 공헌에 빠른 지름길일 수도 있다.

마치 24K 순금보다 18K, 14K 등 어느 정도 이 물질을 포함해야 제 기능을 할 수 있는 경우처럼 자신의 직업이나 상황과 여건에 따라 융통성, 임기응변 등이 목표 달성에 선이 되고 유용하고 실제적일 수 있다.

하지만 24K처럼 순수 양심만이 그 가치의 척도가 되고, 기준이 됨을 부인할 수 있는 자 아무도 없다. 어쩔 수 없이 양심이 되는 건, 그 가치가 현저히 떨어지며, 자발적이며, 본인의 이해관계에 상관없이, 양심이 제 자리를 잡는 게 기준이며 양심을 위해서 목숨까지 바치는 이는 위대한 사람이다. 너무나도 큰 유혹 앞에서도 순도 높은 양심은 바른 길로 인도한다. 순금의 양이 아주 적은 치금이 그렇듯, 순도가 너무 얕은 양심은 법망에만 걸리지 않는다면, 모면할 수 있다고 여기면, 무엇이든 닥치는 대로 먹어 치운다.

지금 이 시각 현실 세계에서는 통할 수도 있으며, 심지어 어떤 이는 그걸 자랑으로 여긴다. 하지만 먼 미래가 아닌 한 발짝 앞만 내다봐도, 양심의 중심성 위대성은 증명된다. 이젠 극도로 발전한 과학기술은 인간의 마음까지도 분석할 수 정도로 나아갈지 모르겠다.

AI의 위험성은 양심만이 AI를 바른 길로 인도할 뿐이다. 과거엔 실제로 과속하는 차량을 단속하기 위해 예측 어려운 곳에서 함정단속을 많이 하였으나 지금 현재에는 과속 운행을 예방하기 위해 단속 카메라가 몇 미터 전방에 있는지도 알려 준다.

우리 위대한 대자연은 어찌 인생을 살아야 할지 답을 주지 않고 진실로 양심이고 훌륭한 이를 찾기 위해 살아 있는 동안 선행과 악행에 응답을 회피함으로써 진실로 양심 인자를 발견하길 갈망하였다. 이젠 인간 세상의 변화에 발맞추어 억지로라도 인간 세상을 구하기 위해 생존하는 동안 보상과 처벌로써 응답을 하여 악행을 예방하고 인간 세상을 정화하기 위한 시스템이 도입되는 건 한 뼘 앞의 일이다.

거의 모든 사람들이 현 상태 대로의 양심대로만 실천하여도 과녁의 10점 만점의 원안에 들고도 남음이 있으며 개 중 몇몇은 과녁의 정중앙 바늘구멍에도 들 수 있다. 양심대로 사는 삶이 과녁을 완전히 벗어나는 삶이라면, 사회의 잘못, 교육의 잘못이며, 선천적으로 양심을 멀리하는 이는 세상을 파괴하는 씨앗이며, 양심이 전혀 존재하지 않는 인간이 있을 수 있는지는 의문이다. 양심은 반드시 존재한다.

세상을 헤엄치기 위해서는 세상 속의 '내'가 되어야 한다. 양심과 진리 사실이 언제 어디서든 누울 멍석이 깔려 있지는 않다. 현실 세상과 타협하지 않으면 낙오자, 이단, 부적응자로 내몰리기 쉽다.

이를 그냥 웃으며 넘기는 건 인생의 묘미이며, 멋, 양념이라 할 수 있지만 양념이 너무 많거나, 진해도 탈이니 타협의 결과가 중대하거나 사회 상규를 넘어서, 안전, 생명, 치유 불능의 어떤 결과가 예상되면 양념을 덜어내고 본래의 양심으로 회귀함이 마땅한 것이다.

의대 교수들의 사직 결의와 정부의 증원 2,000명선 고수 선언

의정 갈등이 의대증원을 축으로 하여 극단으로 치닫고 있다. 정부는 의료개혁에 굳세고 강한 의지로 이번에도 밀리면 개혁은 요원하고 기득권으로 뭉쳐진 집단이기주의에 대처할 수 없다고 믿고 있는 듯하다.

이 일은 정부가 해야 할 책무이며 정부의 존재 이유와도 직결된다. 의료계는 자신들 나름의 이유로 의대증원에는 동의하는 듯 하나 그 규모면에서는 상당한 차이를 보이며 접점을 못 찾고 있다. 이젠 교수들까지 결기를 다지며 사직 선언하는 건 지성인으로서 상당한 이유가 있을 것이다.

세상 어디를 가더라도 교수는 최고의 지성인으로서 대우받고 학문과 제자들의 인격도야를 위해 일생을 바치는 교육자이다. 단지 제자들을 보호하기 위해서만 나서지는 않았을 것이다.

국민을 물리치고 제자들만 챙기려 한다면 이는 소탐대실이고 선사후공의 길이며 국가와 국민을 위해서라며 실은 전 인류에 해악을 끼치는 일에 비유될지도 모른다.

사람 생명의 가치는 전 인류를 합한 것이나 개인 한 사람의 생명의 가치는 그 당사자의 입장에선 저울의 눈금이 균형을 유지한다.

바로 이때 지성이 필요하다.

교육을 많이 받았다고, 공부를 많이 했다고, 두뇌가 매우 발달했다고 그 인격이나 수양, 인성이 반드시 비례하는 건 아니다.

그중 일부는 오히려 반대 방향으로 질주하는 자도 있다.

정부의 의료개혁 시도는 분명 국민을 위한 몸짓임을 부인해서는 안 되며 선거 게임에 연루돼서도 안 된다.

하지만 민주주의 원칙, 국민을 위한, 국민에 의한, 국민의 정치 중 의대증원 2,000명으로 못 박는 건 국민을 위한 원칙에는 이의 없으나 국민에 의한, 국민의 정책이란 점엔 확신이 서지 않는다.

21세기의 가장 유용한 병기 중 하나인 여론 조사를 통하여, 예시하자면 증원 500명, 1,000명, 1,500명, 2,000명 등으로 선택지를 만들어 그 결과에 맡기도록 하는 것도 하나의 방법이다.

　세뇌, 조작, 선동, 여론몰이 없는 상황에서의 민심은 곧 그 시대의 정신이며 국민들의 판단은 틀릴 수가 없다.

　민심이 곧 천심이며 천심은 곧 자연이다. 자연은 곧 양심이니 자연이 하는 일엔 이의를 제기해서도 불만을 표출해서도 안 된다. 이런 상황에 이르도록 한 관련책임자는, 물론 국민들이 용서할 때까지 사죄하고 용서를 구해야만 한다.

　정부도 의료계도 최선의 노력을 경주했겠지만 이젠 국민들이 심판할 때가 온 것이다.

　국민이 주인이라는 걸 매우 잘 알고 행동할 때만이 진정한 국민 주권을 확보할 수 있다.

　이게 진짜 민주주의다.

　솔직하고 허심탄회한 대화와 고민이 필요할 것 같다.

별이 말했다

귀여운 아기별이 흥얼거린다
황금은 아름다운 별이다. 변치 않음으로
진리도 별이다. 시공에 초월하므로.

가장 아름다운 별 자태를 뽐내며 찬양한다.
영원한 사랑은 빛나는 별이다.
밤 하늘의 어느 별보다 눈부시다.

제왕의 별 읊조린다.
부모에 대한 사랑은 고귀한 별이다.
천상에서도 우뚝선 향기로운 별이다.

우주 창조의 별. 말없이 미소 지으며.
시공에 변하지 않은 인간은 창조의 별이다.
오직 한분만이 존재한다.

모든 별들이 찬양하며 노래한다.
지구에 반짝이는 별들이 연이어 불을 밝힌다
세상에 온 누리에 평화와 번영을 담보하는
가장 위대한 지구별이다.

의대 교수들 오늘부터 사직 돌입

　직장인들은 누구나 아니면 모든 사람들은 자신의 직장과 직업을 그만둘 땐 슬픔과 아쉬움, 무거움, 가슴 쓰리고 아픈 서러움을 체험하며 서로 공감한다. 마음 한 켠에는 시원함과 해방감도 동시에 스며들 수 있다.

　사직서를 제출해 본 자는 특히 사명감으로 자신의 직장과 직업에 자부심이 충일했던 자는 더욱더 깊고 넓게 이런 감정들을 온몸으로 체험한다.

　교수들의 사직서의 효력에 대해선 의견이 분분하다고 매체들이 전한다. 사직서가 수리, 승낙이 안 됐다는 게 주된 쟁점인 것 같다.

물론 형식적인 절차도 중요하지만, 적법절차는 매우 중요하다.

형식도 갖추어야 하나 실질적인 적법절차가 더 중요하다. 전공의들의 파업이 불법 파업이란 걸 전제한다면 그에 의한 불법 파업의 연장 선상에서 교수들의 사직서 제출이 있었음을 부인할 순 없다.

그럼 불법성도 같이 이어지는 물리적 변화의 연장에 의한 변화일 뿐이다. 사직의 효과가 나타나려면 화학적 변화 즉 전혀 다른 무엇으로 전환되어야 불법성은 소멸되고 새로운 적법성을 취득할 수 있다. 독수에 의한 독과의 원칙이 적용되며 대학과 병원의 수락 여부와 별개로 사직서의 효력은 상실되어 원천 무효가 되는 셈이다.

물론 글쓴이는 법조인도 아니요 재야 법조계도 아닌 평범한 직장인에 불과하지만 대학 때 배운 짧은 지식으로 내 생각을 그저 펼쳐 보일 뿐이다.

파업과 사직 이외에는 다른 수단이 없다고 하지만 끝까지 최선을 다해서 협의하고 토론하고 연구해서 머리를 맞대고 그 답을 찾아야만 한다.

그래도 해결의 방법이 도출되지 않는다면 국민에게 직접 물어보는 게 유일한 해결책이다.

국민의 뜻에 이의를 제기하거나 국민의 의사를 모른체하면 오만하다, 국민을 무시한다 이기주의자 등 온갖 비난의 화살이 쏟아지는 오명을 피할 수 없다.

의료는 종교, 이념, 인종, 직업, 적과 아군, 성별, 장애, 소수자 등 온갖 무엇을 뛰어넘는 고귀하고 성스런 행위이며 국민의 권리 이전에 인간 자체의 기본적이고 보편적 권리이다.

심지어는 모든 생물 무생물에게도 퍼져나가야 하는 생명의 존중과 치유 행복의 권리와 모든 자연물에도 존엄성을 부여하는 방향으로 널리 널리 번져나가야 하는 책무이며 당위의 행위다.

주위 환경과 여건 조건 등이 열악하다 해도 의료 행위는 계속 유지되어야만 한다.

인간은 누구나 자신의 본업은 충실히 할 때만 자신들의 주장이나 요구를 제기해도 정당성을 유지할 수 있으며 국민의 지지 또한 수반된다.

진료행위는 멈출 수 없음을 절대 포기할 수 없음을 끝까지 환자 곁을 지켜야 함을 의료인의 사명으로 몸소 실천할 때만 의사의 도리이고 의료인의 자세라는 걸 스승으로서 교육자로서 소명의식과 자부심의 원천임을 제자들에게 심어주는 유일한 길이지 싶다.

4·10총선의 의의와 채상병 사건 등 특검요구

지난 4·10 총선은 야당의 압승으로 막을 내렸다. 예상은 했지만 매우 큰 압승이다.

여당이든 야당이든 진보와 보수 등 목표는 하나 부국강병의 실현과 국민의 행복 추구 그럼으로써 인류에 평화와 안녕을 보장하는 일이다.

그 목적지에 가는 길은 여러 갈래이나 너무 빨리 가려다 험한 길 가시밭길을 선택하더라도 너무 큰 희생을 요구하는 방안은 피할 것이요, 안전한 길 평탄한 길로 발걸음을 옮기더라도 너무 크게 돌아가는 길 역시 피할 건 자명하니 어느 정당이나 좌,

우등이 비록 방법론에서는 싸우더라도 크게 다르다면 이는 사심이 개입된 것이며 이권이 자리 잡은 것이다.

목표가 같다면 대동소이한 정책 결정이 이루어져야만 하고 그 한계가 4/1 이상 차이 나면 이는 무언가 정직하지 못하고 부조리 불합리가 자리 잡아 공명정대란 말이 땅에 묻혀있는 형국이다. 아님 무지와 어리석음으로 인해 상황 판단이 잘못으로 인도된 경우이다.

개개인의 행복 없는 전체주의는 우리 헌법이 용인하지 아니할 것이며 국론을 분열시키고 국민의 살림살이를 쪼그라들게 하면 국민과 역사가 이를 준엄하게 꾸짖을 것이다.

아무리 논리정연하고 이론적으로 바르다 하더라도 지나침은 안 된다는 국민의 뜻, 민심을 이번 선거에서 확인하였다.

여당, 야당 모두 지뢰밭을 걷고 있었고 불안했지만 선거 결과는 여당의 참패였다.

여러 전문가들이 이번 선거 결과를 어떻게 분석했는지는 모르겠으나 조국 신당의 돌풍은 가족 전체의 몰락에 대한 안타까움이, 슬픔은 조금이나마 나누겠다는 위로하겠다는 더 나아가서는 약간의 행복이라도 보태겠다는 국민의 착한 심성이 드러나는 것 같다.

민주당의 승리는 선거 직전까지 당 대표가 법원에 불려가는 상황이 '게임은 공정해야 한다'는 국민의 뜻과 기대와 어긋났기 때문이다. 법의 지배가 아니라 정의가 실현되어야 함을 국민들이 원했기 때문이다.

즉 조화와 균형이 선거 게임에서도 실현되어야 함을 요구한 것이다.

시간과 공간에 구애됨 없이 어느 곳 어느 시대에도 조화와 균형이 유지되면 이는 '진리'라고 불리고 동시대, 같은 장소, 같은 게임에 조화와 균형이 유지되고 실현되면 정의라는 이름표를 다는 것이다.

채 상병 사건은 너무나도 안타깝다.

젊은 청춘을 국가와 국민을 위해 바쳤으니 그의 값진 희생에 우리는 그에 대한 예우를 다해야겠다.

사건을 수사하는 수사단장은 자신의 할 일을 다한 것뿐이고 국방부는 국가를 보위하고 군 전체의 기강을 세우기 위한 행위 사이에서 빚어지는 갈등인 것 같다.

생명의 가치와 존엄성은 누구에게나 동일한 무게를 가지겠지만 10만 명의 병사를 모으는 일은 쉬운 일이나 단 한 명의 명장을 구하는 일은 어렵다는 말도 있다.

또한 그 유명한 읍참마속의 고사에서 비록 돌이킬 수 없는 실수를 하였고 군법의 규정대로 집행하였으나 제갈량의 행위가 옳다고만 할 수는 없다. 법의 공정함과 군법의 서릿발 같은 날카로움은 세웠으나 당시 왕조라는 절대가치에 이바지하였는

가는 평가하기 나름이다.

촉나라는 허망하게 망했다. 인재로 버티는 나라에 인재가 부족하고 없었기 때문이다.

술자리에선 단 한 명의 유능한 소대장을 구하기 위해 소대원 전체를 희생시킬 경우도 있다고 필자는 안주 삼아 얘기한다.

단 한 명의 지휘관이 인재가 전쟁에서 전세를 바꿀 수도 있고 조국을 위기에서 구할 수도 있기 때문이다.

채 상병 사건 특검 조건부 수용, 김 건희 여사 명품백에 대통령이 직접 사과했으니 더 이상 정권 흔들길 해서는 안 된다.

악의가 아니라 넘침이 문제일 뿐이다.

논리와 이론이 맞더라도 현 상황에 부합하지 못하면 결코 국민에게 행복을 선사할 수 없다.

우리 인간은 누구나 죄수복을 입어야 할 만큼 죄를 지었다.

마음속의 죄까지 묻는다면 종신형을 선고받아도 모자란다.

과거를 희생시키지 말고 미래를 포기하면 안 된다. 현재와 더불어 과거 미래가 동행해야만 한다.

진실이 추하면 거짓이 아름다울 수도 있다.

옮음

 양심은 시간과 공간에 구속되지 않는 무엇이라면 옮음은 시간과 공간에 따라 분위기에 따라 적절하게 행동하는, 지금 현재 현실을 지배하는 인간의 일상 속에서 행해지는 믿음인 것 같다.
 이 믿음이 집단과 연결되면 집단이기주의, 제국주의, 종교전쟁, 영토전쟁 등 갈등을 유발하는 매개체이며 인류 역사를 뒤돌아 보면 씻을 수 없는 상처를 남기고 옹이가 되어 아직도 완전히 아물지 않고 그 흔적이 역력하다.
 인류 역사 속, 전쟁, 침략, 약탈, 분쟁, 집단 혹은 개인 간의 거의 모든 다툼과 현재 진행 중인 우크라이나와 러시아의 전쟁, 이스라엘과 하마스를 비롯한 중동에서의 화약의 폭발은 이 옮음이라는 신앙 때문이다.

아메리카 인디언에 대한 인종말살과 같은 인종 제거 행위, 스탈린에 의한 자국민에 대한 2,000만 명 이르는 학살, 히틀러의 유대인 학살, 캄보디아 킬링필드, 심지어 아편 전쟁과 같은 것들 모두 그 행위를 자행한 이들은 자신의 나름으로 옮음이라는 신앙의 소유자들이다.

우리의 아픈 역사 일본 제국주의 침략에 의한 민족적 고난도 같은 맥락으로 일본 군국자들 역시 같은 신앙의 소유자들이며 심지어는 나라를 팔아먹은 매국노조차도 옮음이라는 신앙의 독실한 신자들이다.

여당, 야당, 진보, 보수, 등 나름의 주장에는 이유가 있고 이 옮음이라는 신앙이 색깔을 달리하면서 스며들어 있는 것이다.

우리 개개인 모두도 이 신앙을 가지고 다투고 가슴 아파하면서 삶을 지탱하고 있다.

인간이 불완전하다는 건 모두가 알고 있는 명제이고 자신 또한 많은 실수하면서도 타인에겐 관대하지 못하고 바르게만 살 것을 요구하니 이는 옮음의 요구이고 이 요구가 부당하다 한들 자신은 정당한 요구이고 옳다고만 한다.

이러니 진실을 사실을 밝히려 해도 정치인이 신이 아님을 **빤**히 알면서도 '신' 같은 성인군자와 동일한 수준의 언행을 우리 인간이 실행하기엔 무리임을 누구나 인정하면서도 이 옳음이라는 신앙 앞엔 무너지기 십상이니 숨기는 게 또한 옳다는 옳음의 신앙이 부활한다.

인간은 누구나 위험과 위기 앞엔 진실과 양심보다 오히려 하얀 거짓과 과대와 과소로 언어를 잘 다듬고 멋지게 포장하여 위기를 넘기는 게 옳음이라 여긴다.

우리 모두 양심으로 돌아가 인간들의 실수에 대해 조금은 관대해지고 자기 자신을 되돌아보며 자신의 요구가 정당한지 부당한지, 그리고 지나침에 대한 고통이 타인에게는 되풀이되지 않게 하는 게 성숙한 사람의 도리이지 싶다.

♣ 댓글

OOO : 어찌보면 인간만이 시시비비 따지는 것 같네요.

답글 : 자기자신 편리한 대로 자신이 처한 입장에 따라서 보는 시각을 달리 하는 것 같네요.

악마와 천사되기

　어떤 이는 말한다. 도덕적 윤리적 삶이란 언제나 어렵고 가난과 함께하는 삶이라고.
　철학을 공부한다면 그는 물을 필요 없이 가난뱅이라고 통용되는 것이 오늘날 우리들의 삶이다.
　인간은 본래적으로 또는 환경적으로 야누스의 두 얼굴을 가지고 가면을 쓰고 언행을 하며, 진실 사실 그 자체로는 세상살이 힘들고 어렵다고 누구나 인정하면서 또 그렇게 행하면서 삶을 영위하고 있다.
　대부분의 인간은 선한 사람으로 남고 싶지만 또 한편 악마가 되고자 노력하며 악마를 자기 손으로 불러들인다.

악마는 그냥 찾아오지 않는다. 물고기가 입질하듯 이리 관찰하고 저리 시험하면서 악마가 좋아하는 먹잇감을 찾고 동경하며 어쨌든 남 속이기를 좋아하고 욕심과 시기심 남을 해코지하고자 하는 영혼을 찾아 나선다.

현실의 삶이 어떤 수단 방법을 불문하고 재물과 권력을 움켜쥐는 자가 왕이고 이것이 인생의 참 맛이라 여기는 자를 악마는 놓치지 않는다. 이렇게 악마와 의견이 같은 자를 악마는 이 자의 심장을 갉아먹고 나중엔 영혼까지 악마의 뱃속으로 채워지면 그는 이제 더 이상 악마로부터 떨어져 나올 수 없으며 어떤 교육으로도 바로 세우기 힘들다.

그냥 가만있어도 나쁜 마음이 슬금슬금 다가오며 자신 스스로도 어찌할 수 없는 지경에 이르고 만다.

완전한 악마의 소유가 되기 전 이미 자기 자신은 자신이 악마화됨을 느낀다. 이 순간 대오각성하여 남보다 몇 배 노력하며 성찰하고 반성하여 자신의 본성을 되찾고자 선으로 가고자 방향키를 굳세게 붙잡아야 한다.

큰 악마는 겉으로 선인으로 포장하며 일반인은 악인 인지도 구별하지 못하며 이 위선자는 기회를 기다릴 줄 알고 적당한 때에는 비열하고 잔인하며 눈꼽만큼의 인정도 두지 않고 단 칼에 해치운다.

새끼 악마는 쉽게 눈에 띄게 마련이고 저 혼자 어깨춤 추며 자신의 재주를 자랑하며 세상 넓고 높은 줄 모르고 날뛰다가 쓰러지는 자이다.

악마라고 늘상 악행만 하는 건 아니고 좋은 일, 선한 일도 자주 행하나 결정적인 순간 또는 자신의 이권 자신의 기분을 건드리면 악마는 악마답게 처신한다.

천사가 되고자 갈망하고 천사의 흉내 내며 마음이 깨끗하면 천사는 절로 찾아온다. 이 천사가 되고자 하는 이도 전혀 거짓이 없거나 항상 바른 길로만 걸을 수 있는 건 아니다. 세상이 바른 길로만 인도하지 않기 때문이다.

마음속 분노가 불길처럼 치솟고 찬바람이 칼로 에이듯 심장을 얼어붙게 하여도 자신을 다독이며 스스로를 위로하면서 이성을 되찾는 이, 손해를 보면서도 약속을 굳게 지키며, 큰 위기 앞엔 스스로를 희생할 줄 아는 자를 천사는 그대로 지나치지 않는다.

그렇다고 아무 시험도 없이 덜컥 나타나지도 않는다. 나름의 시험과 경과를 보고 살며시 천천히 찾아와 동거하면서 계속 어떤 영혼의 소유자인지 확인하면서 그 정도에 따라서는 인간의 양 가슴에 집을 짓고 정말 순수하시다면 천사는 자신을 희생하여 인간의 몸속으로 녹아들어 몸 전체가 천사로 화하게 되는 것이다.

우리 인간은 사회생활을 하면서 본의 아니게 죄를 짓기도 하고 선행을 베풀기도 한다. 중요한 것은 마음의 중심이다. 선한 마음, 인간의 도리를 계속 가꾸고 닦아가지 않으면 악의 유혹은 언제 어디서나 누구에게나 어떤 식으로든지 나타난다.

이 중심이 바로 선 자는 악의 밀림 속이라도 선의 마음이 샘솟듯이 흘러나오며 비록 현실이 여의치 않아도 그 마음만은 선을 유지하는 것이다.

중심을 바로 세우기 위해선 인간의 도리, 인간의 본성을 가꾼 좋은 서적이나 훌륭한 스승을 만나는 게 중요하다. 또한 살아가면서 타산지석이나 반면교사를 잘해야만 한다. 반면교사 할 대상을 본보기로 삼고 따라 하는 건 악을 향해 달려가는 급행열차다.

중심이 바로 선 다음에는 악마의 서적, 악마가 우글거리는 어떤 곳에 있더라도 그것에 상관없이 그 영혼을 아름답게 유지할 수 있는 것이다.

♣ 댓글

000 : 위 글은 도덕적 삶의 어려움과 욕심, 탐욕이 어떻게 악마를 부르고 결국 영혼을 태우는 지를 담은 깊은 생각을 전합니다.

000 : 악마는 방심하면 찾아오고 천사는 마음이 깨끗하고 비워져 있으때 찾아오는 것 느껴요.

최소 공약수와 최대 공배수

사회 과학의 목표는 최소 공약수를 찾아내어 최대 공배수로 만드는 과정이라고 필자가 주장한 바 있다.

언뜻 보면 최대 공약수와 최소 공배수는 친밀한 데 이건 좀 낯설다 할 수도 있다. 지금 여기서 말하는 최소 공약수란 인간의 권리, 인간의 의무를 줄일 수 있는 데까지 축소하고 또 축소하여 최소한의 인간 대우 인간의 자존심, 존엄성을 유지해야만 하는, 반드시 보장해야만 하고 보장되어야만 하는 절대가치를 말함이며 그 무엇으로도 희생시킬 수 없는 인간존재의 의미를 부여함이다.

이 개개인의 책무를 전 인류에 적용시킬 때 최대 공배수라

칭하고 싶다.

　어떤 인간 즉 범죄자, 반역자, 배신자, 매국노 등 어떤 유형의 인간 군상들에게도 어떤 이유로도 침해할 수 없는 절대권리를 말함이며 인간이라는 그 사실만으로도 그 책무를 향유함에 충분하며 인류 개개인이 지키고 가꾸어야만 하는 그리고 전 인류가 다 같이 힘을 합쳐야만 하는 지상 명령이다.

　우리가 지키고 사랑하는 것 엔 우주 애, 인간 애, 지구 애, 국가 애, 민족 애, 신앙 애, 공동체 애, 이념 사상 애, 문화 애, 가족 애, 부부 애 등 무수히 많은 가치들이 있으며 지금 가장 시급하고 절박한 가치가 인류애이다.

　지금 이 시각 이 순간에도 가장 기본적인 인간 사랑은 지켜지지 않으며 국제 사회는 두 눈 크게 뜨고도 어찌할 바를 모르고 있다. 자기 자신 없는 조국, 지구, 인류, 우주를 상상할 순 있어도 인류 없는 세상은 아무 의미 없다.

　인류는 누구에게나 최소한의 인간 대우는 받아야 하고 또 지켜주어야만 한다. 우리를 강제하는 것들 중 가장 강력한 물리적 힘을 자랑하는 건 국가라는 거인이며 가장 친숙한 건 최대공약수인 부부이다.

　부부 사이엔 지켜야 할 의무와 권리가 가장 많고 그다음에 종교나 문화에 의한 규범 등이며 국가는 법률로서 강제한다. 어떤 개인이나 단체에 의한 침해도 위태롭고 끔찍하며, 공포스러

우나, 특정 국가에 의한 폭력은 어찌할 수 없다. 국제 사회도 자국의 이익만 계산하며 팔짱 끼고 자신들의 조국에 의한 타국에 대한 침해일 경우 애국이라는 가면을 쓰고 심지어는 미화되기까지 한다.

친구 간의 의리, 우방국 간의 의리 등 모든 것에는 나쁜 것 해서는 안 되는 일, 등 불법, 위법행위엔 의리가 적용되지 않고 요구해서도 안 되는 건 상식이다.

힘의 논리가 적용되는 현 세상에 이게 무슨 뚱딴지같은 소리냐? 그렇기 때문에 지금 펜을 들고 있는 것이다.

국가 간에는 자국의 이해득실 등 여러 가지 요인 때문에 할 수 없는 게 많겠지만 한 인간의 자격으로는 일을 맘껏 할 수 있게 제도적으로 보장되어야만 한다.

핵과 AI의 위험으로부터도 인류를 보전하기 위함이다.

기본적인 인간의 권리를 보장함에는 너와 내가 따로 있을 수 없고, 나의 조국 국가가 최소 공약수인 인간의 절대적 권리를 범한다 해도 결코 물러서지 말고 고발하고, 거부하고, 대항해야 하는 인간 그 자체의 책무를 다하기 위해서다.

예를 들면 잔인한 고문, 무고한 시민에 대한 의도적 학살 등등을 하지 않겠다며, 당사자는 물론이고 제3자에 의한 침해, 제3자에 대한 침해일 경우에도 세계시민의 자격으로 개입하겠다는 선언에 서명하고 날인하여 인간다움을 실현하는 제도적 장치가 마련되어야겠다.

  이곳엔 국가, 민족, 종교, 이념이 따로 없고 모두가 인간이라는 점에서 하나이고, 그 가치를 수호함에 헌신함에 근거를 마련하기 위함이고 모든 인류가 참여하고 서명하기 운동을 펼쳐야 한다. 그 근거가 되는 것을 우리나라의 경우 고등학생 때 즉 주민 등록증을 발급받을 때 같이 이 선언에 동참하고 서명 날인하여 세계시민에 참여함도 하나의 방안이지 싶다.

  이제는 모든 울타리를 뛰어넘어 인간 동질감을 회복하고 지구촌 시대에 같은 이웃이라는 믿음이 샘솟아야 한다.

  이것만이 인류 생존의 길이다.

♣ 댓글

OOO : 인류애, 가족애, 부부애 등등도 논의되고 있는 무한함에 최대 공배수와 최소 공약수 도입은 상상을 초월하네요.

OOO : 인간 동질감과 이웃간의 믿음이 예전만큼 회복되면 좋겠습니다. 믿음 신뢰가 바탕이 되기 정말 힘든 사회입니다.

OOO : 너와 나의 구분이 아닌 우리가 되는 그날 까지 늘 건강하게 좋은 글 만들어 가시길 바랍니다.

OOO : 최소 공약수와 최대 공배수에 대한 비유가 참 심오하네요.

4부

의사들의 무기한 파업 선언과 민주주의

참 우려스럽다. 민주주의가 완벽한 제도는 아니지만 인류가 고안해낸 제도 중에선 가장 훌륭한 정치체제란 점 동의하지 않는 이는 드물 것이다. 그렇게도 원했고 피와 눈물로 일구어낸 민주주의 국가다.

다양한 의견이 존재하고 다원화된 사회를 가진다는 건 민주주의의 초석이다. 하지만 끝까지 협상하고 토론하고 타협해도 결론을 못 낸다면 그건 이 나라의 주인인 국민만이 심판하고 결정 내리며 선택할 수 있을 뿐 다른 모든 것은 곁가지에 불과하다.

즉 국민의 힘 만이 할 수 있는 국민의 무한한 권능인 것이다. 자유와 자율에는 항상 책임이 그림자처럼 따라다닌다.

민주주의 제도를 악용하여 민주사회를 무너트리는 건 어느 누구도 해서는 안 되는 금기 사항이다. 폭력을 근절하기 위해선 폭력을 행사하는 수밖에 다른 도리가 없다는 말처럼 자율적으로 하지 못하면 타율이 침입할 수밖에 없다. 국가 권력이 발동될 수밖에 그리고 합법적인 폭력이 있을 수밖에 다른 대안을 찾기가 쉽지 않다.

국민의 의사를 무시하고 환자를 내팽개치고 실력행사에 나서는 건 스스로 독재자를 불러들이고 전제정치를 하라고 요구하는 행위에 다름 아니다.

어떤 독재자도 이름은 명분은 국민을 위한다는 국민의 뜻이고 국가를 위한다는 그럴싸한 포장을 하고 독재정치 전제정치를 하였다. 아예 내놓고 국민의 의사를 애써 무시하고 국민 위에 서겠다는 독재자는 없었다.

의사단체는 지금 국민 위에 군림하려 한다. 전문가라는 이름을 걸고 국민은 잘 모른다 한다. 국민의 의사는 하늘의 뜻이고 조작 없는 집단지성은 틀릴 수가 없으며 시대정신임을 부인해선 안 된다.

강력한 무기 국민의 생명과 안전이라는 핵무기를 손아귀에 쥐고서 만지작거리며, 정부와 국민을 굴복시킬 수 있다고 선언하고 있다.

물론 타고난 재능과 엄청난 노력으로 거기에 운까지 더해져 의사라는 타이틀을 거머쥐었다.

그러나 타고난 재능은 자신의 노력과는 아무 상관 없는 부모나 하늘의 선물이고 노력이란 것도 의사들보다 훨씬 고생하는 사람 엄청 많으며 그늘도 제대로 없는 열악한 환경 속에서 쏟아지는 땡볕을 온몸으로 맞서며 땀으로 목욕하고 등으로는 소금을 생산하며 생존을 위해 허덕이는 우리 국민 엄청 많다.

신이 운을 내려줄 땐 아름답고 선하게 살고 인간을 위해 사용하라고 주는 것이지 자신들의 개인 욕심 채우라고 선물하진 않았을 것이다.

이 글 쓰는 이도 한 달에 200만 원 일자리 구하기 위해 이곳 저곳 기웃기웃거리고 다니고 있는 형편이다.

환자에 대한 진료거부는 폭력이고 고의 혹은 미필적 고의에 의한 상해 심지어는 진료거부에 의한 사망 시에는 누가 책임을 질 것이며 과연 감당해낼 역량은 있는지 묻지 않을 수 없다.

법을 떠나 도덕적 윤리적 책임은 어떻게 할 것이며 학생들의 수업거부 전공의 이탈 등은 다른 이들의 기회를 앗아간 죄 작지 않으며 의사로서의 본분보다 잿밥에 더 관심이 있음을 공개적으로 드러내고 있으니 국민의 신뢰와 존경을 하루아침에 무너뜨리고 있다.

자신들 스스로에게 묻고 왜 의사가 되고자 했으며 인술보다는 최고의 목적이 돈 때문은 아닌지 만약 그 의도가 돈이었다면 사업가로 진로를 바꾸는 방향으로 하는 게 바람직하지 싶다.

왜, 무엇, 때문에 진료를 거부하고 현장을 이탈하고 수업을 거부해야만 했는지 스스로 성찰하는 자세와 그렇게 하는 게 국민을 불안케하고 환자와 그 가족들을 애태우게 할 만큼의 가치 있는 선택이었는지, 국민들은 비전문가이고 잘 모른다고 주장한다면 누구나 이 나라 최고의 지성인이라고 인정하고 공인하는 대학 총, 학장님들에 의견을 구해보는 것도 한 방안이 아닐까.

수업거부, 직장이탈, 파업의 정당성을 설명할 수 있을 때에만 국민의 지지를 받을 수 있고 국민들의 결정은 무엇으로도 변경할 수 없으며 국민들의 집단지성보다 더 똑똑한 개인이나 집단은 존재하지 않는다. 파업이 정당하고 그 가치가 있다면 충분히 국민들을 설득할 수 있으며 국민들도 납득한다. 그래도 억울하다는 심정이 들면 시대의 요청이 의사들을 요구를 잠깐 멈추는 것뿐이니 지금 이 시대에 살면서 다른 시간을 그리워하거나 동경하면서 폭력을 행사해선 안 된다. 환자에 대한 폭력은 어떤 경우에도 용인된 경우 거의 없으며 또한 환자나 그 가족은 사회적 약자이니 약자에 대한 위력의 행사는 용기 있고 신사라 불리는 사람들은 비열하다고 말한다.

이성, 지성

이제 갓 대학 새내기 때 교수님 왈 '여러분은 지식인이 아니라 지성인이 되어야 합니다.' 이 말씀 지금도 귀에 쟁쟁한데 정작 지성인이 무얼 의미하는지 대충 머릿속에만 가물가물 어렴풋이 희미하게 스쳐가는 데 짙은 안갯속에서 헤매다가 아직까지도 정확한 감을 잡지 못하고 있다. 아무리 사전을 뒤져보고 인터넷을 훑어보아도 명확히 인식하기 힘들며 무엇이다 정의를 내리기엔 글쓴이의 역량이 많이 부족함을 고백하지 않을 수 없다.

며칠 고민하다 감히 나름으로 생각하고 연구한 바를 염치불구하고 용기를 갖고 펜을 집는다.

이성理性

감각적 능력에 상대하여 사유하는 능력이며 인간을 다른 동물과 구별시켜주는 인간의 본질적 특성, 이는 진위(眞僞), 선악, 미추를 구별하여 판단하게 해주며 절대자를 직관적으로 인식하는 능력 등으로 인터넷은 설명하고 있다.

근대에는 이성은 절대적 위치를 차지하여 이성으로 모든 문제들을 해결할 수 있다고 하였으나 인간이란 종 자체가 이성만으론 해결되지 않은 문제가 많이 있음을 경험으로 알았으며 요즘은 감성시대라 불릴 만큼 감성도 이성만큼 중요시한다.

이성은 공정과 상식에서 판단하고 행동하는 합리적 인간의 특성이고 똑똑하고 현명한 자들의 행동 양식이며 보통 일반인에게 요구하는 생활의 기준이며 본인 자신의 기준이 아닌 제3자인 재판관이 판결을 내릴 때의 그 위치에서 보는 시각이며 아주 현실적이며 객관적이고 누구나 수긍할 수 있는 무엇이며 하느님이 인간 세상에 요구하는 시각이며 정의의 실현을 요구한다.

우리 모두가 지켜야 하는 사회생활의 근간이다. 현실에 가장 잘 부합한다는 유교적 윤리관이다.

지성知性

지각된 것을 정리하고 통일하여 이것을 바탕으로 새로운 인식을 낳게 하는 정신작용, 넓은 뜻으로 지각이나 직관 오성 따위의 지적 능력을 통틀어 이른다. 새로운 상황에 부딪혔을 때 맹목적이거나 본능적 방법에 의거하지 아니하고 지적인 사고에 근거하여 그 상황에 적응하고 과제를 해결하는 성질이라고 사전에 정의되어 있다고 휴대폰은 말한다.

교육이란 단어가 '예의와 학문을 익히다.'라는 뜻이라지만 교육의 궁극적 목적은 지성인 양성이라고 필자는 주장하고 싶다.

아무리 지식이 많아도 이성을 잃어버리거나 필요할 땐 지성적인 행동을 하지 않으면 이 인류의 미래는 장밋빛 길이 되긴 어렵다.

지성인은 누가 강요하거나 의무를 부과할 순 없는 자발적이고 희생적인 행동 양식을 추구한다. 합리적이고 이성적인 친구가 '넌 바보야! 넌 희생정신이 너무 강하단 말이야 네가 하지 않아도 누군가는 하게 돼 있어' 이렇게 말하는 게 오늘날 우리의 현실이다.

지성인은 필요할 땐 스스로 봉사하고 솔선수범하며 꼭 필요할 땐 목숨까지 이 인류를 위해 국가를 위해 자발적으로 바치는이다. 스스로의 선행은 아무에게도 전하지 않으며 명예도 남기지 않으려 하는 우리들의 성인이나 종교의 창시자 등에게만 붙일 수 있는 고귀한 이름이다.

그러나 우리 인간 사이엔 남모르게 헌신하고 봉사하는 이, 혹은 아무 이름 남기지 않고 자신을 희생한 이들이 많이 존재했을 것이고 앞으로도 계속 이어질 것이다.

조금은 어리숙하고 어눌하지만 자신의 의무이자 책임인 이상 인류 전체를 위해 희생하고 봉사하는 이들이다.

하느님은 지성인 중의 지성인이지만 우리 인간들에게 이성적인 행동 이상을 요구하지 않는다.

누구도 강요해선 안 되고 강요할 수 없는 게 지성적인 행동이다.

오성悟性

어떤 이는 오성과 지성은 같은 뜻이고 낱말만 다르다 하지만 필자 나름으로 구분해 보았다.

굳이 오성을 따로 떼어서 본다면 어떤 소속, 집단, 단체의 테두리 안에서 지성적인 행동양식을 보이면 이는 오성이라 하고 싶다.

인간의 인식 작용은 자신도 모르게 환경의 영향하에 있기 때문이다.

그러니 가장 지성적, 이성적으로 보려면 그곳을 떠나 멀리서 아주 정확한 위치에서 곧추서서 보지 않으면 무언가 달라 보이고 느낌도 사뭇 다르다.

똑같은 장소에서 동일인이 곧추서서 바라보는 것하고 엎드려서 가랑이 사이로 본 것하고도 시각적 느낌이 다르게 보이는 것이다.

돈, 사랑

돈 벌기 위해, 밥벌이하기 위해 우리는 피나는 노력과 어릴 적부터 준비하고 어른이 되어서도 그 노력을 멈추지 않는다. 대부분의 사고와 사건은 돈과 사랑이 얽힌 경우가 TV 뉴스를 장식한다.

사람이 생존하고 사회생활을 영위하기 위해선 돈이 필요하고 돈 없으면 굶어죽는 돈은 삶의 일부로 자리 잡았다. 하지만 사랑이 없다면 인간은 누구나 태어나지도 세상 구경도 하지 못하는 존재다.

돈. 돈. 돈타령을 많이 하지만 실로 그 기저엔 사랑이 숨어 있다. 특히 젊은이들의 경우엔 좋은 직장, 부, 명예, 권력의 추구 등이 좋은 배우자를 만나기 위한 수단으로써의 사랑의 욕구로 가득 채워져 있는 건 평생의 반려자가 인생의 행복에 절대적이라는 깨달음에 기초하여 이건 본능적으로 아는 선험적인 욕구이다.

아무리 재물을 모으고 권력과 명예를 다 가진들 사랑에 실패하면 다 소용없고 행복은 저 멀리 산 넘고 강 건너 아득히 먼 곳에 숨어있는 것이다.

자본주의 사회가 돈을 근본으로 하는 세상이라지만 이념이나 사상 무슨 무슨 주의 이전에 이미 사랑이라는 무시무시한 괴물이 딱 자리를 꿰차고 있는 것이다. 아무리 부모를 잘 만나고 좋은 가문 재물이 넘쳐나도 사랑에 실패하면 아무 의미 없으며 행복은 스르르 손가락 사이로 물이 빠져나가듯 사라지는 것이다.

사랑의 맹세는 한순간으로 끝나서는 안 된다. 자신의 감정을 잘 조절하여 나는 이 반려자를 위해 태어났다. 억울한 일, 슬픈 일 닥치더라도 이 남자를 위해 혹은 이 여인을 위해 나의 삶이 존재한다고 스스로를 다독이며 사랑을 키우고 지켜나가야만 종당에는 검은 머리가 파뿌리가 될 때까지 행복이라는 크나큰 선물 보따리가 우리에게 주어지는 것이다.

일생을 살면서 갈등과 불화, 다툼, 의견 충돌이 없다면 그건 서로 다른 인격체에겐 거의 불가능한 일이며 누구 하나의 가슴

속에는 커다란 바윗덩이가 짓누르고 있음이 자명하다. 계속 짓눌리다 보면 가슴이 파열되거나 부서지게 마련이니 적당한 시점에 바윗덩어리 둘이 힘 합쳐 치워주고 들어내며 가볍게 하여 서로 안아주고 털어내는 치유 과정은 반드시 필요하다.

  행복도 사랑도 서로 가꾸어 가는 과정에 있다.

  재물이 많아 처음부터 모든 게 갖춰져 있는 것보다 하나하나 살림살이 구비 해나가고 재물 모일 때 행복 느끼고 보람 얻으며 성취감, 자존감, 자부심 등이 덤으로 우리 곁에 머문다.

  돈이 중요한 건 사실이고 돈으로 육체적 사랑을 얻을 수 있는 것 또한 현실이다.

  돈은 귀신도 부릴 수 있고 세상 거의 모든 일 해결 가능하다.

  하지만 진실한 사랑만은 재물로 획득할 수 없다는 건 우리 모두가 잘 아는 바이다.

  진실한 사랑 없이 어떤 조건으로 결혼했다 치더라도 그건 그대로 인정하고 이것 또한 하늘이 맺어준 인연이니 진심으로 서로 위해주고 다듬고 가꾸어 나가는 사랑도 하늘의 뜻이고 인연이니 행복하게 잘 살 수 있다.

  부부는 공동운명체이며 한 몸으로 살아가면서 서로 다른 인격체라며 하기 쉬운 말로 '너는 너 나는 나'라며 심지어는 '너 인생은 너, 내 인생은 나'라고 하는 부부라면 그렇게 행복해 보이지 않고 바람직해 보이지도 않는다.

부부라는 게, 같이 산다는 게 허망해질 수도 있다.

한 마디 덧붙인다면 결혼 등 성문화는 사회 윤리의 근간이고 뿌리이며 거의 모든 걸 지배하는 윤리이고 도덕이며 그 나라의 문화를 단적으로 나타내 준다.

지금 현재 집창촌은 해체되고 있으나 그 대신 우리 몸 전체로 병원균이 번식하고 있다. 사회 곳곳으로 매춘이 숨어들고 있으며 해외 섹스 관광까지 나서는 이 하나 둘이 아니다.

윤리 도덕은 성인의 말씀이고 성 욕구는 하늘의 뜻이라는 말도 있다.

겉으로 보기에만 환부를 도려냈다고 하지 말고 이 사회 구석구석 숨어서 우리 몸 전체로 퍼지는 걸 막아서 우리 사회의 건강을 지키는 게 옳을 듯싶다.

젊은이들의 성 욕구도 해소해 주어야 한다.

겉만 멀쩡하고 온몸 곳곳에 병들게 하는 것보다 일정한 곳에 모아 놓고 관리 잘 하는 게 괜찮지 싶다. 또한 범법자도 줄이는 정책이 된다.

삶

언제나 현재에 살지만 삶은 현재는 없고 과거와 미래만 있는 것.

현재는 고달프고, 힘들고 고통스럽던 과거는 아름답고, 미래는 장밋빛 길.

가장 현명한 이도 자신이 누구인지도 모르고, 왜 존재하는지조차 알 수 없는 무엇.

자신이 살아가는 삶의 길이지만, 삶의 법칙조차 알 수 없는 인생 길.

하루 24시간의 사용법이 모든 것을 결정하는 시간의 마술사가 되어야 하는 삶.

삶은 자신의 의지대로 되지 않는 수수께끼 놀음.

누구도 홀로 존재할 순 없지만 누구도 대신해 줄 수 없는 자기 인생.

운도 재수도 분명 있지만 노력하지 않으면 패망의 지름길인 삶.

신 앞에 평등하다지만 현실은 언제나 불평등한 무엇.

인내하고 견뎌냄이 가장 용감한 자의 지혜.

분명 넘치는 데도 항상 모자란다 하는 인간의 욕망.

누구나 자기 멋에 살며 타인은 어리석다며 착각 속의 삶.

컴컴한 터널 속도 둘이 손잡고 가면 안전하고 평안한 길이지만,

백주 대낮에도 둘이 손 놓고 가면 어두워 헤메게 되는 인생길.

추운 겨울 견디면 따스한 봄 찾아오고

캄캄한 밤 보내면 어김없이 광명은 온다.

달도 차면 기우는 완벽 완전은 없는 우리네 삶.

인생 긴 세월 같지만 언제나 찰라의 순간.

100년 인생 결코 짧지도 길지도 않는 아주 적당한 시간.

인생은 처음 살지만 마지막을 견줘보는 우리네 인생.

모든 법칙이 통하지 않는 신비한 삶.

말로 글로 증명 할 수 없는 게 삶.

제 탓 아닌 다른 탓으로 돌려도 되는 인생.

완벽한 말에 불완전한 행동이 이루어 지는 삶.

순수를 잃어버려야 세상을 안다고 하는 곳.

늘 싱싱하고 건강할 수 없는 무엇이 누구에게나 방문하는 새옹지마 변화난측한 삶이지만 우리는 정성을 다해 가꾸어야만 한다. 모든 걸 버릴 때 만이 모든 걸 얻을 수 있는 역설 같은 정설이 통하는 곳이 삶의 현장이다.

생즉사 사즉생 生卽死 死卽生

시간과 공간

　인류의 역사는 시간을 활용하여 공간을 차지하고자 하는 투쟁을 거듭해 왔다. 작금의 현실 역시 매한가지다.
　시간과 공간은 그렇게도 소중하면서도 정의하고 결론을 도출해 내기는 여간 어려운 게 아니다.
　태양과 지구 사이의 거리는 빛의 속도로 8분 걸린다 한다. 시간의 속도가 만약 빛의 속도라면 지구와 태양 사이엔 8분이라는 시간적 갭이 생긴다. 이건 시간의 절대성이 크게 위협받을 수밖에 없다.
　빛을 강물에 대입하면 강물은 끊임없이 이어지나 상류와 하류의 물엔 시간의 차이가 분명 있을 수밖에 없다.

빛이라는 이 물질도 지구의 중력엔 굴절되고 지체되지 않는다 해도 어떤 강력한 힘이 작용할 땐 굴절과 지체현상이 나타날지도 모른다. 시간에도 속도가 있다고 가정하면 어떤 강력한 힘이 작용할 땐 굴절과 지체 등 어떤 변화가 있을 수 있다.

하지만 시간에는 속도가 없으며 행여 속도가 있다 할지라도 우리 인간이 측정할 수 없으며 단지 시간이 존재한다는 사실을 인지만 가능할 뿐이다. 시간이란 우리 머릿속 생각의 속도다. 과거로 미래로 인지하면 그게 바로 시간의 속도이고 정체인 것이다.

무슨 힘으로도 생각을 막을 수는 없는 것과 같이 시간은 굴절도 지체도 발생하지 않으며 자신의 머릿속 생각이 과거 현재 미래로 존재케 한다.

더 이상은 인간 생각의 한계라고 말할 수 있을지 모르겠다.

이 시간은 무엇으로도 바꿀 수 없고 살 수도 없는 가장 존귀한 무엇이다. 자연의 이치나 인간 세상의 이치는 그 근본에서는 같으며 다르다 하더라도 약간의 지엽적인 문제일 뿐 큰 차이는 없다. 이 존귀한 시간을 헛되이 쓰면 다음 생엔 시간을 줄인다. 헛되이 소비한 시간에 비례해서, 남겨도 시간을 줄인다. 자살과 같은 경우, 마치 인간 세상의 정부 예산처럼.

항상 시간이 모자라고 뭔가 애써서 성취하고자 노력하는 인간에겐 시간 넉넉히 배정하는 건 당연한 이치다. 바쁜 사람은 엄청 빠른 속도로 뭔가를 해야 하니 필요한 만큼 시간 더 줄 것이요, 한가한 사람은 느릿느릿 여유를 가지고 천천히 속도 유지할 것이니 시간 줄일 필요 있고 자연은 또한 그리할 것이다.

공간 역시 보이는 건 끝이 있으며 또한 그 너머에는 무언가가 있을 것이며 또 그 너머에도 알 수 없는 무엇이 존재할 것이고 우리 인간의 생각으로는 한계를 지을 수 없다.

하지만 공간 역시 자신의 생각만큼 존재하고 생각의 끝이 바로 공간의 끝이며, 깊이이고, 높이이고, 넓이이다. 우리 인간의 생각은 3차원이므로 시공의 시작과 끝을 어쩌면 영원히 알 수 없고 혹여 어느 누군가가 시공 자체 생각 너머 4차원으로 여행하고 돌아온 이가 있다면 그것도 잊지 않고 기억해 준다면 조금은 더 깊이 있는 통찰을 할 수 있겠다.

모든 것은 움직이고 운동하며 다른 공간을 차지하고 있다.

생각이나 영혼 역시 시공을 뛰어넘어 일정 공간을 차지하고 시간도 소유하고 있다.

무한을 믿는 자보다 더 바보는 없다, 희극이고 익살이다.

생각 그 자체가 무한일 순 없으며 한계가 있는 것이다. 순진한 바보, 사랑스러운 바보가 무한을 믿는 자이다.

인간

  모든 생물은 의식적이든 무의식적이든 본능이든 자신을 위하여 그리고 종족의 유지를 위한 모든 행동 양식을 보이며 또한 삶을 투쟁한다.
  인간 역시 예외가 아니며 자기 자신과 후손의 유지를 위한 삶을 멈추지 않는다.
  인간은 성인 기준 206개의 **뼈**를 가지며 일생 동안 평균 7억 ~ 9억 칼로리의 에너지를 소모하며 심장은 25억 ~ 30억 번 정도의 박동수로 뛰고 있으며 혈관의 길이는 96,560km ~ 160,934km인 지구 두 바퀴 이상을 감을 수 있는 길이를 자랑하며 약 30조 개의 세포로 구성되어 있다고 한다. 밤 하늘에 빛나는 별의 수가 1000억 개 이상으로 추정되는 것과 비교해도 인간은 참으로 기묘하며 신비 그 자체를 가지고 있다.

인간의 생각은 자유이며 모든 것을 사유할 수 있다 한다. 하지만 시간과 공간을 초월하여 (3차원) 생각할 순 있어도 시간의 시작과 끝 공간의 출현과 그 끝은 인간의 사유론 어렵다. (4차원) 또한 인간을 말살하겠다는 생각 등 생물과 무생물의 파괴 자연의 질서를 어지럽히는 행동과 생각은 금기 사항이고 인간에 유해하지 않은 생물과 자연물은 보호해야 하는 건 인간의 의무이다.

생각의 자유도 분명 한계는 있는 것이다.

어떤 삶을 살겠다는 건 분명 자유이고 나중 후회하지 않은 삶을 살았다면 잘 산 인생이다.

가장 어리석고 무지한 인간이나 가장 현명하고 성스런 삶을 사는 이나 그 지향점이 자기 자신을 위한다는 점에선 동일하나, 어리석으면 그럴수록 무지하면 할수록 먼 장래는 못 보고 '우선 먹기 곶감이 달다'라는 식으로 우선 보이는 코앞만 쳐다본다. 그리하여 '눈앞의 이익을 위해서는 최선의 노력을 기울이고 남에 대한 배려 더불어 같이 살자'라는 것보단 '내가 우선, 나의 욕심이 우선이며 한 치 앞도 볼 수 없는 짙은 안갯속을 헤매는 삶'을 산다. 뒤에선 남 손가락질 받고 죽어서는 반성했는지 남들은 천국 보내고 자신은 지옥으로 발걸음 옮긴다.

반드시 나름의 대가는 치루어야 평등하며 우주 대자연의 질서이다.

성스럽고 현명한 자는 먼 훗날을 내다보고 의식적이든 무의식적이든 남과 더불어 살려 하며 경우에 따라선 인류를 위해 희생하고 봉사하며 남들이 알아주던 잊어버리던 인간의 길을 걸으며 타인에 휩쓸리지 않고 자기가 지키고 싶은 가치를 위해 헌신하는 자이다.

아이의 교육도 우선 당장 아이를 달래는 것보단 아이의 미래를 위해 예의와 남과 어울려 사는 법을 밥상머리에서부터 시작하고 장래를 위해 봉사와 희생정신을 길러준다.

인생은 공짜가 없으며 우선이 이익이면 나중엔 손해요 우선 희생하면 나중엔 메아리가 되어 이자까지 덧붙여오는 게 삶의 법칙이고 자연의 질서임을 우리 모두는 머릿속에선 인식하고 있다.

멀리 보고 앞 일을 깨달은 자는 남들이 진심으로 칭송하며 죽어서도 천국 극락이 기다리고 있는 걸 잘 아는 자이다.

똑같이 자신을 위한 삶을 살면서도 어떤 이는 멀리 보고 (+) 플러스적인 삶을 살고 또한 어떤 이는 우선 코앞만 보고 (−) 마이너스적인 인생을 추구하는 것이다.

인간이란 참으로 묘한 존재이다. 머릿속으론 잘 알면서도 행동은 거꾸로 하며 세상 물결에 휩쓸려 따라가면서도 자신은 특별히 대우받으려는 무엇이며 우선은 이익이나 나중엔 손해라는 걸 알면서도 어리석은 짓만 골라 하는 게 평범한 인간이고 그리곤 자기 꾀에 취해서 꾀춤춘다.

자기 자신을 위한 것이 가족의 이익이 되고 국가의 이익이 되며 나아가 온 인류의 이익으로 돌아와야만 정당성을 갖고 그 근거가 튼실하며 모든 이가 인정하는 무엇이 되며 끝없이 높은 탑을 지을 수 있다. 이게 현명한 자들이 추구하는 행동 양식이다.

알고 있는 걸 행동으로 옮기는 자가 용기 있는 자이고 양심이며 현명하고 성스런 인간이다.

\#

1차원 : 시공이 생기기 전의 무엇, 백지상태

2차원 : 시공 속의 나 시간과 공간에 예속됨, 현실 세계

3차원 : 시공의 제약이 없어지고 이론과 현실이 일치하는 세계, 생각이나 정신의 세계

4차원 : 생각의 제약도 없어지는 정제되고 순수하며 시공 자체가 사라짐. 무념, 무상, 무아의 세계, 절대 고요의 세계

법위에 국민 있고 국가 위에 인류가 있다.

지금 현재의 행동과 말들

지금 현재 이 순간의 행동이나 말들은 자기 자신의 에너지가 균형을 이루는 지점의 것들이다. 옳음 쪽으로 향하는 마음과 행동이 나쁜 쪽으로 유혹하는 에너지, 즉 마음과 행동의 접점이 이루어지는 지점이 바로 지금 이 순간의 것들이다.

행동이나 말이 선과 악이 만나는 지점, 욕심과 욕망이 이성과 만나서 균형을 이루는 지점이, 어떤 방향의 에너지가 반대 방향의 에너지가 만나 힘의 균형을 이루는 지점이 현재 자신의 언행이 나타나는 지점이다.

자기 자신의 근원적인 에너지는 사방 팔방 어느 방향으로도 어떤 분야 등 거의 같은 크기로 나아가며 또한 반대 방향의 에너지도 거의 같은 크기로 다가오니 서로가 힘을 키우기도 줄이기도 하면서 만나 균형을 이루는 지점이 지금 바로 이 순간이다.

이 힘들의 모음이 한 인간의 운명이 되고 삶이 되는 것이다. 이 에너지의 원천은 내가 이래저래 했으므로 이런저런 결과가 나오는 게 70% 되는 거지, 내가 의도적으로 목표를 가지고 특별한 행동의 결과로 이루어지는 건 30% 미만이다.

그래서 '운7 기3' 이라는 말이 나오는 것이며 자신의 양심대로 꾸준히 긴 세월 동안 실천했을 때 자신이 알던 모르던 현생이든 후생이든 그 결과는 반드시 나타나는 것이며 어떤 의도를 가지고 목표를 설정하여 매진하는 건 우리 인생 전체에서 보면 30% 이상 영향을 미치지 못한다.

큰 줄기 큰 틀은 이미 선과 악의 업에 따라서 운명 지어져 있고 나머지는 큰 틀 안에서의 잔가지로 현재 자신의 노력, 의도적인 목표, 의도했던 결과인 것이다.

하지만 우리의 언행은 각자 나름으로 0이 되는 지점에서 이루어진다. 힘의 균형이 이루어지는 지점 0은 가장 큰 숫자이면서도 가장 작은 수이며 또한 중간이기도 중심이기도 균형이기도 중용이기도 하다.

한 개인이든 무엇이든 이 세상 모든 것은 0으로 귀결된다. 모든 수학 공식도 0이 도출되지 않으면 무언가가 잘못되었거나 그 유용성이 떨어질 수 있다고 아주 조심스럽게 생각해 본다.

기준점인 0의 위치가 낮은 곳에선 선 아니면 선도 악도 아닌 중간 지대로 분류되는 것들도 0의 위치가 높은 곳에선 악으로 처리될 수도 있다.

시대와 환경, 문화에 따라서 약간의 다른 기준이 제시될 수 있으며 다른 것을 틀리다 하지 말고 다름으로 인정할 때 평등이란 말을 붙일 수 있다.

적법한 것이라고 모든 것이 선이 아니고 위법하다 해도 일체의 것이 악은 아닌 것이다. 그 반대도 허다하게 존재한다. 역사를 보면 더욱 분명하게 알 수 있다.

바보는 다른 이, 다른 무엇에게 배우는 게 적으나, 현자는 타인뿐만 아니라 자기 스스로의 성찰로도 또 세상 온갖 것들에게서도 배우며 무엇이든 타산지석, 반면교사로 삼으며 무자천서라고 불리는 자연으로부터 배우고 자신을 단련하여 스스로를 잘 다스린다.

성인들의 말씀만 따르며 실천하는 것이 아닌 여러 선배 성인들의 길을 따라 걸어가면서 다시 그 길을 보수하고 다듬고 그 길을 더 연장하고 개척할 때 인간은 존귀한 존재가 되고 성인들의 깊은 뜻을 받드는 일이다.

우리의 목적지는 그 끝을 알 수 없으나 우리가 진리라고 하는 것도 우주 안에서의 진리다.

우주 밖 먼 곳은 우리의 사유가 미치지 못한다. 우리 인간을 다스리는 건 현실적으로 제정법이나 이 우주의 법은 모든 것이 0으로 흘러가는 양심의 법이다.

하느님은 전능한가 무능한가?

　인간 세상이 어찌 이리도 혼란스러운가?
　누구의 잘못이며 무엇이 악을 탄생케 했으며 인간의 원죄는 피할 수 없는가?
　근원을 따지고 계속 파고들면 종국에는 창조주가 잘못했으며 인간의 악이 창조주에 의함을 비껴갈 수 없다.
　또한 하느님은 전능하고 선의 화신인데 왜 지켜만 보고 인간 세상을 방치하고 모른 체 한단 말인가!
　왜 이리도 삶이 힘들며 순수하고 맑은 영혼이 선한 자가 고통받고 악을 일삼는 자가 오히려 세상에서 활개치며 대우받고 심지어는 존경까지 움켜쥐고, 인간의 가슴속엔 항상 악이 자리 잡고 누구나 양손에 시한폭탄을 쥐고 있는 것처럼 악이 언제 터져 나올지 알 수 없으며 언제 어디서 악마로 돌변할지 어느 누구도 장담할 수 없으며 예측불가한 오늘날 우리 인간 세상이다.

선지자들 성인들이 목이 터져라 심지어는 하나뿐인 생명까지 바쳐가며 선을 강조하고 윤리와 도덕을 부르짖어도 전혀 나아짐 없이 인류가 존재한 이후로 어느 시대, 어떤 곳이든 인간의 이중성 겉만 번지르르하고 가면을 뒤집어 씌고 악을 행하곤 양심은 살짝 검은 천으로 덮어두고 속으론 쾌재를 부르는 이가 왜 이리도 많은지 도대체 어인 일인지!

인간의 씨앗이 한 줄기 빛이었든, 아주 미세한 무엇이든, 태극에서 음양으로 분리되었든, 어떤 무엇에서 남, 여가 똑같이 탄생되어든, 성경의 말씀대로 흙으로 빚어 현재의 인간의 모습으로 만들었든, 아님 태초의 인간의 모습이 어떡하여 자꾸 진화하며 현재의 인간의 형태와 모습으로 바뀌었든 인간 종족을 유지하기 위해선 어쩔 수 없이 일란성 쌍둥이끼리의 결혼과 유사한 근친상간이 필요했다.

이건 선이 아니고 악이었으므로 인간의 죄악은 여기서 탄생되었으며 그 DNA를 타고 어느 누구도 회피할 수 없는 인간의 가슴속엔 악마 또한 둥지를 단단히 틀어 이젠 한 몸이 되어 버렸다.

성경은 좀 더 구체적으로 암시하고 있다.

동산의 중앙에 있는 실과는 인간의 생식기이며 인류종을 존속케하기 위해선 근친상간이 불가피했다.

이게 원죄이며 운명이며 인간이 세상에서 사라지지 않는 한 항상 가슴속에 시한폭탄을 안고 갈 수밖에 없는 짐 이었음을 하느님은 너무나도 잘 알면서도 어쩔 수 없이 인간이라는 종족을 지상에 존재케하는 결단을 내리셨다.

나름 방책을 세웠으니 인간의 의지와 노력을 믿었기에 양심이라는 보검을 하사하여 악을 쳐부수기를 원하셨다.

하느님의 선택이 옳은지 그른지는 인간 개개인이 판단할 문제다.

철학자 니체는 말한다. "최선은 태어나지 않는 것이고 차선은 빨리 죽는 것"이라며 하느님의 결정 그리 높이 평가하지 않는다.

성에 대한 문제는 인류의 가장 근본적이고 본질적인 문제이며 인류악의 80% 이상이 성 문제만 잘 해결한다면 피할 수 있는 극복할 수 있는 근원적이고 기초적인 과제다. 성을 제외한 다른 악은 그리 본질적이거나 근원적인 문제가 아닌 부수적이고 지엽적인 과제다.

재물을 추구하는 것도 대부분 종국에는 이성에 대한 첨단무기를 소유하는 것이고 좋은 직장, 높은 학벌, 권력, 심지어는 명예, 몸을 가꾸는 것조차 그 근저에는 성에 대한 관심이 연결되어 있다.

성과 관련된 과제를 빼고 순수 다른 문제로 야기되는 사회악은 20%를 넘지 못한다.

성에 대한 욕구, 이성에 의한 인정, 존경의 문제는 뿌리 깊게 파고들어 골수에까지 자리 잡고 있는 것이다.

모든 생물이 처음에는 근친상간이라는 혹은 지금 이 순간까지도 행해지고 있으나 하등생물의 경우에는 그들이 행하는 선의 크기가 작은 만큼 악의 발호도 미세하나 고등생물인 만물의 영장이고 척도인 인간은 선의 크기가 깊고도 넓으며 또한 더없이 고귀한 성스런 선을 행하니 악 또한 이에 비례하여 엄청나게 성장하여 이젠 이대로 방치하면 인간 스스로에 의해서 인류 생존이 크게 위협받으며 이 지구는 물론 우주 전체에도 상당한 악영향을 끼칠 만큼 크게 자리매김 되고 있다.

성과 관련된 모든 문제 성 소수자, 이성에 대한 혐오, 강간, 추행, 성희롱 그리고 모든 사회악의 근원적인 문제가 순수했던 태초에서 근친상간이라는 피할 수 없는 잘못에서 발원하니 악의 문제를 근본적으로 해결하려면 성문제를 빼곤 얘기가 될 수 없다.

이 어려운 과제를 조물주는 너무나 잘 알고 있었으며 어렵고 힘들지만 양심과 노력 의지로 극복할 수 있으리라는 하느님의 신뢰를 우리는 고의로 양심을 회피하고 모른체하며 핑계 되고 변명하며 현재의 쾌락과 즐거움을 위해 이익을 움켜쥐고 남위에 군림하기 위해 양심을 배반하고 창조주가 눈에 보이지 않는다는 이유로 신을 부정하고 자기 편한 대로 해석하고 악행을 합리화 정당화하기 위해 온갖 술수와 꼼수를 부려왔음을 창조주 역시 잘 알고 있다.

인간 종족을 보존하기 위해선 악이 공존해야 함을 조물주의 선택이 잘못되었는가?

아니면 어쩔 수 없는 결단이었는가?

성 소수자 문제도 똑같은 난제다.

자신의 판단에 그게 선이라면 지금처럼 행하면 될 것이요.

악이라면 그만두어야 한다.

선도 악도 아니라고 할 수도 있지만 순수함만이 선, 악도 아닌 태초의 자연 그대로이다.

자신의 문제는 자신이 판단하고 결정해야 하며 그 선택의 결과엔 당연히 책임이 따르며 악인 줄 알았다면 책임 또한 더 무거울 것이다.

몰라서 그렇게 하였다는 건 책임을 벗어날 하등의 이유도 안 되며 양심은 언제나 자신과 동행하는 법이니 그 어떤 결과에도 승복을 해야만 하는 것이다.

부처님 말씀처럼 "무지하고 어리석으면 악마 되고 깨달으면 부처 된다"는 이 글귀 나의 가슴을 부풀게 한다.

　인간은 어떠한 고난에도 굴복하지 않고 양심이 작동하여 악행을 제어할 수 있다고 인간에 대한 하느님의 믿음이 허황된 것일까?

　교육이 사회가 잘못 흘러가 인간 세상이 이렇게 추락한 것일까?

　우리 인간 세상은 두뇌 우수한 사람들이 현재의 물질문명 발전에 선봉이 되어 그 공헌 크다 하나 그 반작용으로 악행도 특히 평범한 사람들을 얕잡아 보는 등 수재들이 타락함에 평범한 이들도 따라 하게 하여 사회를 어지럽히는 데도 일등 공신이니 그 공과를 따지면 그리 공이 크다 할 수 없다.

　평범한 이들은 사회의 첨단에 서서 인류 발전을 이끌지는 못했으나 묵묵히 자신의 할 일 하면서 뒤에서 성실히 이 사회를 지탱하며 유지하는데 근간이 되었으니 그 공헌 수재들 못지않다.

　백치 등 사회적 약자들은 스스로는 인류 발전에 크게 기여하지는 못하나 나름 많은 이들이 이들을 보면서 위안을 얻고 마음의 평정을 유지케 하고 사회적 많은 문제들을 스스로는 해결하지 않았으나 그 동기를 부여함으로써 사회제도 개선 등 여러 가지 사각지대를 해소하는데 공헌이 크니 사회적 약자들의 공과를 따지면 수재들 평범한 이들과 어깨를 나란히 한다.

어떤 이는 오누이끼리 결혼한다면 남매의 정에 부부의 정이 더해지니 그 사랑이 배가되고 애틋해진다고 하는 둥 그럴싸한 말로 우리를 현혹하는 수많은 사이비 말들이 난무하고 있는 곳이 현재 우리들의 삶의 터전이다.

아무리 인권을 강조해도 지나치지는 않으나 그럴듯한 말로 진실과 진리와 구별하기 힘든 주장들은 매의 눈으로 정확히 보고 솔로몬의 지혜로 단호히 뿌리치지 않으면, 인간의 죄악은 깊어만 갈 것이고 인간 본질이 회복 불능에 빠질 지도 알 수 없다.

성 문제만큼은 이 사회 죄악의 근원이고 또한 행복의 원천이니 우리는 깊은 숙고와 사회적 합의 성인들의 말씀에 귀 기울여 단 한 사람의 억울한 이 없이 진리를 쫓아 가야만 한다.

하느님은 전능하지도 무능하지도 않으며 인간 개개인과 인류 전체를 위하여 오늘도 지켜보며 나름 대책과 방안을 강구하고 있을 것이다.

자연이 곧 하느님이고 자연과 한 몸인 자 바로 창조주이시다.

조물주는 언제나 우리 곁에서 함께하며 우리의 실상을 하나하나 파악하여 이 땅에 큰 빛을 주실 것이며 어찌할 수 없는 인간의 악행에 대해서는 관대히 용서해 주실 것이다.

두뇌가 어찌되고 몸이 어떻든 맑고 순수한 영혼의 소유자는 어느 시기 어떤 곳에서든 하느님의 보호와 은혜가 있을 것이며 영혼이 타락한 이는 엄청난 두뇌 천하장사의 육체를 가진들 모든게 허망해질 것이다.
　특정한 하나하나를 살피면 나무는 보되 숲은 보지 못하는 어리석음을 행하듯 전체를 놓치는 우를 범하기 쉽다.

인간 본성 :
순수 그리고 선과 악

    순수함이야말로 인간의 본성이고 태초의 자연 그대로다.
    어떤 인위나 이 물질이 전혀 파고들지 않은 본래의 순수를 유지하면 영원히 존재할 수밖에 없다.
    순금이 변하지 않듯 모든 순수함은 변하지 않는다.
    성경의 원죄론을 잠시 방문하면 원래 순수했던 아담과 하와가 뱀이 하는 한 몸 되기를 배워서 근친상간을 하고 부끄러워서 무화과 나뭇잎으로 가렸다 함은 손으로 가렸음을 비유함이다.
    몸과 마음이 완전히 순수하다면 고통도 죽음도 있을 수 없으니 그 순수함을 잃은 죗값으로 죽음과 고통이 생겨남이라 함은 성경의 말씀이 옳은 듯하다.

순수하고자 많은 이들이 노력해도 세상의 먼지와 티끌, 불순물이 우리를 놔주지 않으니 사람은 오염되고 변하지 않을 수 없다.

또한 선, 악도 생기고 고통과 기쁨, 절망과 희망, 삶과 죽음의 반복이 끝없이 진행된다.

아무 인위가 섞이지 않는 변하지 않는 무엇 우리 인류가 추구해야 할 마땅한 가치이다.

현실이 순수를 용인하고 받아들이지 않더라도 할 수 있는 한 순수해져야만 한다.

이게 인간의 본성이고 양심의 토대이다.

성선설 성악설 등 인간 본성에 관한 논쟁은 큰 의미가 없다. 선이 있음으로 악이 있고 악의 존재가 선을 불러들인다.

순수만이 홀로 존재할 수 있고 그 가치는 헤아릴 수 없다.

태초의 순수는 자연 그대로이고 가장 근본적인 순수물질은 이 우주를 창조했다.

이 순수물질은 변할 수 없고 영원히 존재하며 이건 양심의 근본 물질이다.

그간 오랜 세월 동안 쌓인 모든 먼지 티끌 온갖 잡물 다 걸러내고 스스로 순수해지고자 끊임없는 노력, 성찰과 반성, 고통을 이겨낸 자야말로 지고의 가치가 있는 삶을 영위한 자이다.

세상의 먼지 티끌 죄다 털어낼 수 있는 자 바로 제2의 창조주이시다.

선한 행위 속에도 악이 숨어 있고 악한 행동 속에도 선이 섞여 있으니 악인이라 낙인찍힌 자의 언행에도 선이 고개를 내밀고 누구나 인정하는 선인의 손길 속에도 악이 혼합되어 있음을 우리 모두 잘 알고 있으나 세상은 그걸 모른체한다.

선한 의도로 했던 일들의 결과가 잘못될 수도, 악의 의지로 작동했으나 그 결과는 선의 모범으로 튀어나오는 수도 허다하니 우리는 그 결과를 중요시해야 할까? 그 동기를 더 강조해야 할까?

현실 세계는 그 결과를 더 중요시하지만 창조주는 그 동기에 방점을 찍을 것 같다.

선도 지나치면 악이 되고 악도 경우에 따라선 조화를 이루고 이 세상을 더 강하게 만들고 단단하게 한다.

선, 악으로 나뉘는 건 순수가 이물질에 오염되는 것이며 순수를 중심으로 선악 또는 무엇이 사방 팔방으로 뻗어가니 언제나 순수를 바라보고 순수를 향해 고개를 돌리고 그 판단의 기준으로 삼아야 한다.

이 순수야말로 중심이고 핵이며 만물의 근원이고 변치 않는 무엇이며 0이다.

선악은 교대로 그 위치를 차지하고 있다.

어제의 선이 오늘의 악이 될 수도 있고 오늘의 악이 내일의 선으로 바뀔 수도 있다.

인류의 역사가 영웅, 위인 등 많은 이들이 순수를 버리고도 높은 평가와 명성을 얻는 건 오늘의 사상과 이념 등 현실에 부합하기 때문이다.

자신들의 이익 자신들의 필요, 무언가 야심과 탐욕이 잘 포장되어 선으로 둔갑하기도 하고, 시대와 장소 관습 집단에 따라 선악은 언제나 자리바꿈이 일어날 수도 있으나 인간 본성 태초의 자연 그대로의 순수를 지향해야 한다.

순수만이 영원히 추구하고 보존되어야 할 불변의 가치이다.

세상 어디를 가나 선악은 존재하며 이건 인간의 죄악, 악마와 선함이 동거할 수밖에 없다.

그러나 양심은 바른 방향을 가리킨다.

이게 우리 인간의 운명이며 선을 추구하든 악을 선호하든 지나치면 결국엔 순수와 거리만 멀어지고 시간의 흐름에 따라, 장소의 변경에 따라 자리 바꿈이 일어나고 인간의 생각이 변함에 따라 언제나 선악을 구별하긴 용이치 않다.

진정한 순수함이야말로 부부의 영원한 사랑을 약속하며, 부모에 대한 사랑 자식 사랑도 가식 없는 사랑이 되며 인류애도 어떤 가면 없는 아무 대가를 바라지 않는 사랑을 보증할 수 있다.

어떤 명예나 역사의 평가를 염두에 두고 행하는 모든 행동은 진정, 진심일 수 없으며 순수하고는 상당히 거리가 먼 선이다.

혼탁한 현실 세계엔 순수보단 약간의 선악이 보태져야만 세상에 꼭 필요한 인물이 되나, 그 가치를 평가할 땐 영혼의 가치는 순수의 정도에 따라서 평가가 이루어질 수밖에 없다.

항상 영혼의 기준은 순수이고 0이다.

최초의 인간은 순수 그 자체였으나 그 2세는 근친상간이라는 악한 행위의 결과 인류종족보존이라는 선의 결과가 나왔으니 그 DNA의 영향일까?

대개의 경우 인간은 자신의 야심, 욕망, 탐욕 등 악이 먼저 달려오고 그 뒤따라 선이 도달하여 이성과 양심으로 통제하며 선의 결과로 인도한다.

선, 악을 인지하고 배우기 전 양심에도 묻지 않고 하는 순수 자연적인 행위야말로 인간의 본성이고 이는 선악의 구별이 없다. 선악의 구별이 생긴 현세의 세상에선 선을 추구함이 당연하고, 악이지만 필요악 또한 필수 불가결하다.

순수하고 선한이는 선이 먼저 나타나고 이 혼탁한 세상을 살아내기 위해 선 악이라는 첨가제를 사용한다.

순수 그 자체는 너무 무르고 약하여 이 험난한 세상에서 버텨내기 어렵기 때문이다.

경우에 따라선 동일임에도 불구하고 어떤 때는 선, 어떤 때는 악의 달리기가 순서를 바꾸기도 하고 동시에 선악이 도착

하여 그 선택을 강요하는 일도 그렇게 드물지는 않을 것이다.
　어린아이의 경우 탄생의 순간에는 매우 순수한데 자라면서 악(욕 등)을 먼저 배우고 좀 지나서야 선한 행위 선한 말들을 구사하는 게 일반적이다.

서민 경제가 무너져 내렸다

 그 사람 좋은 순박한 이들조차 날카로워지고 예민해져 있다. 살림살이가 팍팍해진 현실 땜에!
 정쟁이 중요하지 않다. 정치하는 이들이야 정권을 유지하든, 정권을 획득하는 게 중차대한 일이겠지만 우리 서민은 먹고사는 게 더 중요하고 코앞에 닥친 일이다.
 인심이 넉넉해지고 여유가 있어야만 공정도 외치고 정의도 입에 올리고 예의와 사람 구실에 신경 쓰고 정치와 사회에 눈을 돌리고 나름의 인생철학을 논할 수 있지 내 호주머니가 텅텅 빈 상태에선 의리도, 친구도, 형제도, 가족에게도 눈 돌릴 여유 없이 혼자 생존하는데도 벅찬 현실임을 똑바로 직시해야 한다.

이런 현실이 되면 인간의 존엄성과 고귀함을 우리 서민에게 기대하기는 조금은 벅차다.

우리 서민의 관심은 경제가 해결되고 자연히 녁녁한 마음을 따뜻하게 데우는데 있지 여·야중 누가 옳고 그르고 하는데 있지 않고 더욱이 혀만 예리하게 벼르고 갈고닦아 진실과 사실이 사이비말로 헷갈리는 현실 정치에 초점을 맞추지는 않는다.

온갖 그럴듯한 말로 현혹하고 누가 더 진실이 아니라 더 교묘한 혀로 국민을 믿게 만드는 거짓을 잘 하는가에 정치의 공방이 있고 이게 현실의 정치인 것 같다.

서민들의 마음이 따뜻하게 데워질 때까지 정쟁은 그만두고 허울좋은 명분이나 남의 나랏일에 너무 신경 쓰지 말고 우리 국민의 행복과 안전에 서민들의 삶에 더욱 집중해야 할 때인 것 같다.

그리될 때만이 근본이, 기초가 튼튼한 나라가 도고 국민들이 이성을 되찾고 휩쓸리지 않고 선동적이고 일방적인 주장에 귀 막고 체로 그리고 필터로 걸러서 제대로 된 판단을 할 수 있는 여유가 생기는 법이다.

생존의 문제가 걸리고 밥을 굶게 되면 참 거짓 정의 공정을 아무리 외쳐본들 허공 속으로 사라져 버린다.

여론몰이 등 모든 선동, 거친 말, 악의 섞인 주장들은 우선은 정권유지, 또는 정권획득에 도움이 될지는 알 수 없지만 그 피해는 고스란히 국가와 국민에게 돌아옴을 정치하는 이들이 모를 리 없다.

제발 위화감만 돌게 하는 돈 자랑하지 말며 자랑할 돈 있으면 국민들을 위해서 쓰라. 누구나 능력 있으면 많은 돈 벌 수 있고 부자 될 수 있다지만 능력이 모자란 자 있기에 능력 있는 자 있는 법이며 따지고 보면 무능력한 자의 존재 때문에 그들이 돈을 많이 벌며 큰소리칠 수 있음을 부인할 수 없으며 약자를 무시하고 낮추어 보는 건 교육이 헛일했음을 증명하고 있다. 어찌 됐던 그들의 존재 덕에 능력자로 대우받음을 감사히 여길 줄 알아야 한다.

약자들의 상처 건드리지 말고 추운 겨울날 따뜻한 커피 한잔 건네는 마음으로 위로와 평안을 선사할 줄 알아야 한다.

연봉 몇 푼 더 받는다고 그의 인격이나 성품 능력이 연봉만큼 뛰어난 건 결코 아니기 때문이다.

노동일도 만만치 않다. 노동할 일터도 부족하고 단련 안 된 이들은 또한 배겨내기도 어렵다.

아무나 하는 것 같아도 숙달되고 몸에 적응이 되어야만 겨우 버틸 수 있는 게 노동현장이다.

기업에서 버티긴 초보자들에겐 무리임에 틀림없다.

그러니 집에서 쉴 수밖에 없고 더더욱 숙련된 자들에게도 여러 가지 이유로 일할 기회가 줄어들고 있다.

경기위축, 나이 문제 등.

그렇다고 공짜로 돈을 주어서는 안된다. 일할 수 있으면 일해야 한다.

조금은 노동강도가 약하고 시간도 좋은 공공일자리처럼 적은 돈이지만 서민에겐 실업자에겐 시간도 무료하지 않고 가뭄에 단비같이 반가운 돈이다.

적은 돈이라도 일해서 벌고 또 노동에 조금씩 적응해 나감으로써 기업에서 일할 수 있게끔 몸 만들어 갈 수 있고 노인에겐 자식에게 의지 않고 생활비에 보탬이 되고 삶의 질도 올릴 수 있으며 조금은 행복한 노후생활의 디딤돌이 될 것 같다.

서민에겐 경제가 만능 키이며 만병통치약이다.

유력 대선후보에 대한 가혹한 판결

　우리나라는 3권 분립을 원칙적으로 유지하고 있고 국민주권 국가임을 헌법에 천명하고 있는 민주주의 국가이다.
　이번 이재명 민주당 대표와 민주당에 대한 사법부의 엄중한 결정은 차기 대선 출마 불가. 선거자금 434억 반환이라는 사법부의 무시무시한 1심 판결이 내려졌다.
　비록 2심 대법원의 판결이 남아 있지만 사법부의 의회에 대한 견제구가 의식적이든 무의식적이든 자연스럽게 구현된 결정이라 여겨진다.
　입법부를 장악한 민주당이 검찰의 손발을 묶는 특활비와 특경비를 전액 삭감하겠다는, 경찰에 대해서도 역시 마찬가지로

의지 또는 통제가 정치적 목적에 따라 민생치안이 영향을 받을 수 있다는 것에 대한 사법부의 입법부에 대한 견제가 3권의 조화와 균형을 유지하려는 자연스런 결과 같다.

이게 3권을 분리하여 어느 한쪽이 일방적이 되면 나머지 두 권력이 힘을 합쳐 견제함으로써 균형과 조화를 이루고자 한 3권 분립의 본래적 탄생 목적에 부합하게 되는 자연적인 힘이 분출된 것 같다.

역시 마찬가지로 행정부에 대해서도 만약 공이 이 사건의 법원으로 넘겨졌다면 거의 비슷한 결정, 견제의 차원에서라도 정치인들의 예상보다 훨씬 무거운 판결이 내려졌을 거라 믿어 의심치 않는다.

상생의 길로 가지 않으면 안 된다.

하늘의 법이나 인간의 법은 투망을 한번 던지면 너무나 촘촘하여 어느 누구도 빠져나갈 수 없다.

인간은 누구나 죄를 범하면서 성장하고 어릴 적부터 지금까지의 죄를 누적하면 사형대에는 서지 않을 만큼의 인간은 있을 수 있으나 교도소 철창이 거부할 만큼의 깨끗한 이는 거의 찾을 수 없기 때문이다.

이게 인간의 운명이고 원죄를 지닌 인간의 한계이다. 단지 우리는 바른길로 가기 위한 노력만 할 뿐이다.

거꾸로 나쁜 길로 들어서기 위해 밤낮 연구하고 몰두하는 이는 이제 우리 정치계에서는 발붙이지 못하게 국민 모두가 감시하고 잘 헤아려서 정치놀음에 놀아나지 않아야만 한다.

권력을 국민으로부터 부여받은 자 라도 스스로 절제하고 자중하며 조절해야만 한다.

물론 권력없이 권력의 탄압을 견디며 살기는 쉬워도 힘 있는 자가 스스로 억제하고 자중하며 자신의 이익, 정당의 이익을 초월하여 오로지 국민과 국가의 이익만을 위하여 행사하긴 힘들다. 그러기에 시험으로 정치인을 선출하는 게 아니라 그의 인격, 사람 됨됨이, 그의 능력, 애국심 등으로 기준 삼아 선출하게 되는 것이다.

수단과 방법을 무시하고 정권만 획득하면 되고 그걸 디딤돌로 삼아 개인의 탐욕을 위해 사용하고 행사한다면 우리 헌법이, 국민이, 이 대자연이 아무리 관대할지라도 용서하고는 거리를 둘 것이다.

인간을 무서워하고 두려워하여 국민을 속이고 감추고 위선적인 행동을 하나 정작 무섭고 두려운 대자연 하느님은 직접 눈에 보이지 않는다는 이유로 아예 무시하며 생활하는 정치인들 인간들 세상 모두를 속이고 감춘다 한들 자신은 속일 수 없으며 대자연 하느님은 말없이 눈 감고 귀 막고 있어도 모든 걸 알고 있으니 이 일을 어찌할꼬!

우리 국민들은 현명하고 똑똑하다.

지난 세월 엄청난 독재와 세뇌로 교육받았음에도 아직도 그 찌꺼기는 남아 있으나 이젠 서서히 짙은 안개는 물러나고 밝은 햇살이 우리 눈앞에 나타나고 있으니 누가 국민을 위하고, 진실하며, 국민을 받들고 능력을 보유하고 있는지 국민들은 정확히 선택할 수 있다.

정치인들이 으레 그런 범법행위를 저질러 온 것이라면, 관례는 아니지만 묵시적으로 인정되어 온 위법행위라면 기회를 다시 한번 더 줌이 옳을 듯하며, 전혀 새롭고 낯선 것이라면, 즉 새로운 범법행위, 새로운 악을 탄생시킨 것이라면 법대로 처리하는 게 옳을 듯하다.

모든 게 애매하다면 국민주권 국가에서는 국민의 선택, 심판의 기회가 보장되어야만 국민이 주인이라 할 수 있지 않을까요!

또한 1심과, 고등법원, 대법원의 정치적 사건에 대한 역할이 다를 수도 있으니 그 결과를 기다려 볼 수밖에!

12월 3일 사태와 탄핵 정국

 전 국민의 눈과 귀는 이번 사태와 탄핵 정국으로 집중되고 있다.
 야당의 주장대로 재직 대통령이기에 직무정지 없이는 또 다른 위험이 상존하고 국민의 안전을 담보할 수 없기에 탄핵만이 그 답이다.
 여당의 주장은 탄핵은 국정을 혼란의 도가니 속으로 몰아넣으며 국정을 마비시켜 국민을 더욱 고통 속에 머물게 하니 질서 있는 퇴진을 위해 협의하고 다만 조기 퇴진은 불가피하다 한다.
 이 주장들은 나름의 상당한 이유를 안고 있다. 그럼 직무 정

지도 하면서 질서 있는 퇴진을 그려본다면 대통령도 공무원이니 공무원의 직무정지 사유(휴대폰검색)

공무원의 업무태만 직무위반 등의 사유로 직무수행이 불가능한 경우.
그 밖의 사유로 직무수행이 부적절한 경우 등등 여러 사유가 있다.

위의 두 가지 경우를 적용하면 직무정지에 대한 근거가 될 수 있을 것 같다. 현직 대통령이라도 예외적으로 외환죄와 내란죄의 경우에는 재직 중에도 형사소추가 가능하다 하니 직무정지는 당연히 법원이 판단 가능한 사안이지 싶다. 고도의 정치적 행위라 하여 법원이 그 판단을 거부하거나 유보, 회피, 기피하지는 않을 것이며 신속히 직무정지에 대한 결정을 내려주리라 믿는다.

국회나 정부 모두 대통령의 직무정지를 법원에 제출할 수 있을 거라 믿으며 고도의 정치적 행위는 여야가 합의하여 대응하고 처리하는 게 모양새 아름답고 바람직할 것이다. 현직대통령이 엄연히 존재하면서 사실상의 국정배제는 얽히고설킨 많은 문제점을 드러내고 있는 것 또한 사실이다.

모든 것에 우선하는 게 현 상황에선 국민과 국가를 위한 마음과 행동인 것 같습니다. 법리와 정치 잘 모르는 소시민의 짧은 개인적인 사견이다.

사법부의 기간 계산과 윤 대통령 석방

2025년 3월 8일 윤대통령이 석방되었다고 언론 매체들은 전한다.

법원은 구속기간 계산을 날 수가 아닌 시간 단위로 계산해야 한다며 구속 가능 시간을 지나서 기소한 거라 하며 석방을 결정했고 검찰 또한 즉시항고를 포기하고 법원의 판단을 존중해 석방했다 한다. 검찰이 법원의 판단을 존중하는 건 대단히 중요한 일이며 미래를 위해서는 바람직하다 할 수 있을 것 같다.

한 개인 한 인간으로서는 축하하고 기뻐해야 하겠지만 국정의 책임자로서의 대통령이라는 신분에 대해서는 많이 망설여진다.

공직에 몸담고 있거나 더욱이 공공의 장, 기관의 수장들은 이미 한 개인, 한 자연인의 신분이 아니라 공인이며, 이들에게는 국가와 국민에 대해서 일반인 보다 훨씬 무거운 짐을 져야만 한다.
　우리는 이미 일상에서 약자보호, 약자우선의 대원칙을 실천하고 있으며 예를 든다면 환자우선, 어린이, 노인들을 배려하고 보호하고자 하며 법의 규정과 상관없이 좌석을 양보하고 안전을 지키려 봉사하고 있다.
　국가와 개인의 이익이 균형을 유지하고 저울의 눈금이 같다면 개인 우선의 원칙이 지켜짐이 자유 민주주의 원칙이며 약자보호의 실천이다.
　그러나 국가에 대하여 무한 책임을 지는 대통령이라는 신분에는 그에 걸맞게 개인 윤석열이 아니라 대통령 윤석열에게는 시간 단위로 계산해도 되고 일수로 계산해도 된다면 국가이익 우선의 원칙이 적용되어야 하며 그게 국가에 봉사하고 헌신하는 자리에 걸 맞고 국민으로부터 존경과 감사를 받는 것에 대한 보답이며 의무이다.
　물론 제각각 서로 다른 주장으로 여당 야당, 시민단체, 이익단체, 국민들은 서로 밀고 당기면서 자신들의 주장들을 강요해왔다.
　배의 선장이나 비행기의 조종사 등 시민의 안전을 책임지고 있는 자들은 자기 개인의 안전보다 승객, 시민들의 안전을 우선시하는 걸 우리 모두는 당연시하며 그 실천을 요구한다.

모든 원칙들이나 주의들은 그 규모가 크거나 작거나 그 영향력의 대소에 상관없이 동일하다. 특별히 예외적인 경우들을 제외하곤 지금 현재 이 순간의 정의는 둘로 나누어진 국민을 통합하는 것이며 차선책은 국가적 국민적 혼란을 최소화하는 것이다.

공직을 맡은 자는 한 인간으로서의 행동이 아니라 자신이 맡은 위치 신분에 따른 인간이 되어야 하며 그 역할의 수행도 자신의 신분에 걸맞게 충실해야 한다.

이게 국민 통합을 이루는 근본이며 이성적 국민들이 행해야 하는 의무이다.

윤 대통령의 일갈, 충성은 개인에게 하는 게 아니라 국가와 국민에 충성해야 한다는 걸 그 목소리 힘찬 국민들은 생생하게 기억하고 있으며 그 자신에게도 그의 팬들에게도 적용해야 한다.

참고로 글 올린 이 2006년 책(짧은 생각 긴고민)에서 한 말이기도 하다. 지금 이 순간에도 한 개인이 아니라 국가와 국민에 봉사하는 게 충성이다.

― 소시민 이상우 드림

이상우 수필집

영〈0〉의 나라

인쇄 2025년 4월 21일
발행 2025년 4월 25일

지은이   이상우
발행인   서정환
펴낸곳   신아출판사
주 소   전북특별자치도 전주시 완산구 공북1길 16(태평동 251-30)
전 화   (063) 275-4000
팩 스   (063) 274-3131
이메일   sina321@hanmail.net
출판등록   제465-1984-000004호

저작권자 ⓒ 2025, 이상우
이 책의 저작권은 저자에게 있습니다.
서면에 의한 저자의 허락없이 내용의 일부를 인용하거나 발췌하는 것을 금합니다.

저자와 협의하에 인지는 생략합니다.
잘못된 책은 바꿔 드립니다.

ISBN 979-11-94595-32-8 (03810)
값 13,000원

Printed in KOREA